Christian Kaupke

Das Professionsverständnis in der öffentlichen Kinder- und Jugendhilfe

Individuelle Lösungen versus einheitliche Standards

Bibliografische Information der Deutschen Nationalbibliothek:

Die Deutsche Nationalbibliothek verzeichnet diese Publikation in der Deutschen Nationalbibliografie; detaillierte bibliografische Daten sind im Internet über http://dnb.d-nb.de abrufbar.

Impressum:

Copyright © Studylab 2019

Ein Imprint der Open Publishing GmbH, München

Druck und Bindung: Books on Demand GmbH, Norderstedt, Germany

Coverbild: Open Publishing GmbH | Freepik.com | Flaticon.com | ei8htz

Inhalt

Abbildungsverzeichnis

1 Einleitung

Der Lebensaltersbereich der Jugendphase wird in den letzten Jahrzehnten immer mehr in den Blick genommen, wenn es um die Frage geht, was zukünftige Generationen an Arbeits- und Qualifikationsanforderungen für unsere gesellschaftliche Entwicklung mitbringen müssen. Während dieser Phase wird den Jugendlichen immer mehr Raum für deren Entwicklung und Reifeprozesse zugestanden (vgl. Hurrelmann u.a., 2006, S. 33). Gleichzeitig wird ihr jedoch eine zunehmend institutionellere Struktur verpasst, welche genau diese Prozesse des Aufwachsens und daraus folgend auch einer Integration in die bestehenden Gesellschaftsformen begleiten soll. Auch sieht sie sich dabei u.a. auch aufgrund des demografischen Wandels einer gestiegenen Erwartungshaltung unserer Gesellschaft ausgesetzt (vgl. BMFSFJ 2017, S.75). So ist auch die Kinder- und Jugendhilfe (KJH) mittlerweile ein zentraler Bestandteil des gesellschaftlichen und sozialen Lebens in Deutschland geworden und erfährt aufgrund ihrer vielfältigen Angebote und Problemlagen zunehmende Aufmerksamkeit. Wie bereits Gadow u.a. (2013, S. 11 ff.) ausführen, werden mittlerweile nahezu alle hier lebenden Menschen im Verlauf ihres Lebens mit diesem komplexen System konfrontiert und nutzen dies in unterschiedlichster Art und Weise. So wird die Kindertagesbetreuung in den verschiedensten dafür geschaffenen Einrichtungen von nahezu jedem Kind oder Jugendlichen im Laufe ihrer Reifeprozesse in Anspruch genommen. Während andererseits Jugendarbeit, Jugendsozialarbeit, Hilfen zur Erziehung oder auch Eingliederungshilfen einem kleineren, jedoch ständig wachsendem Teil der jugendlichen Bevölkerung aufgrund deren Lebenslage und -motivation zuteilwerden. Dabei werden jedoch die Problemlagen der Klienten durch die gesellschaftlichen Veränderungen komplexer und der individuelle Hilfebedarf vervielfältigt sich. So sehen sich all diese Leistungsarten innerhalb der KJH einem Anstieg bei ihrer Inanspruchnahme ausgesetzt. Und sind aufgrund rasant angestiegener und dabei im letzten Jahrzehnt nahezu verdoppelter Ausgaben, wie die Abbildung 1 aufzeigt, den stärker werdenden Versuchen der Einflussnahme und Regulierung durch die jeweilige Bundes- und Kommunalpolitik ausgesetzt. Insbesondere ist eine kontrollierte Steuerung von Finanzausgaben und Einhaltung von Haushaltsplanungen durch Schaffung einheitlicher Standards und Verknüpfung mit auswertbaren Kennzahlen gefordert. Es wird somit ein Spannungsfeld eröffnet, welchem ein nicht zu unterschätzender Einfluss auf die Gestaltung von Rahmenbedingungen der KJH innewohnt.

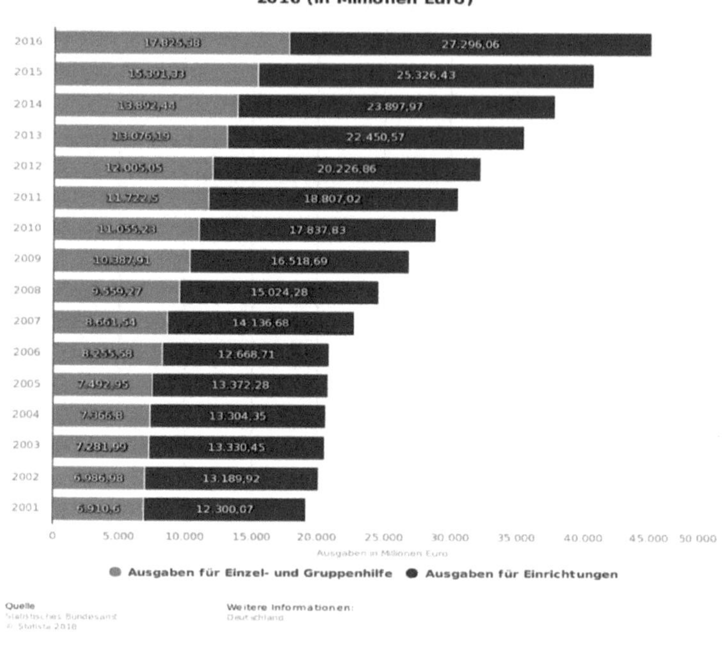

Abbildung 1: Ausgaben Kinder- und Jugendhilfe 2001-2016

Diese Veränderungen in den Rahmenbedingungen mit den dadurch hervorgerufenen Fragen um mögliche neue bzw. sich verändern müssende Orientierungen bei der Fallbearbeitung in der KJH fließen ebenso in einen Diskurs rund um die Professionalisierung der Sozialen Arbeit ein. Diese Fragen beziehen sich seitens der die Finanzierung sicherstellenden Kommunen insbesondere darauf, wie die Arbeit der Professionellen qualitativ überprüfbarer und damit auch konkret messbarer wird. Eine Kompensation wird angestrebt. Gleichzeitig wird durch die professionellen Akteure der KJH innerhalb der Sozialen Arbeit versucht, sich die Autonomie der eigenen Steuerung nicht nehmen zu lassen bzw. diese weiterhin zu sichern (ebd., S. 16 ff.) und dabei bedarfsgerecht zu agieren. Bedarfsgerecht zu agieren heißt aufbauend auf den Erkenntnissen des 15. Kinder- und Jugendberichtes (BMFSFJ 2017, S.95 ff.) hierbei insbesondere den zentralen Herausforderungen des Jugendalters in Form von Qualifizierung, Verselbstständigung und Selbstpositionierung gerecht zu werden und diese zu unterstützen. Dabei wird bei der Nutzung bzw. des Eingreifens öffentlicher KJH stets auch deutlich, dass aufgrund des unterschiedlichen Wissens um die theoretischen Hintergründe diverser Hilfe- und Problemlagen, die

Interaktion von den Klienten oft als nicht auf Augenhöhe stattfindend empfunden wird. So zielen die normierten Hilfsangebote jedoch verstärkt genau darauf ab, dass professionell Helfende möglichst eine Partizipation der Klienten vornehmen, zulassen und zu ermöglichen.

Es soll mit dieser Arbeit keine primäre Betrachtung der Professionalisierungstheorien erfolgen, sondern eine Betrachtung wie die Professionalisierung der Sozialen Arbeit anhand von Rahmenbedingungen innerhalb der KJH erfolgt. So wird anhand der hier kurz aufgezeigten und sich teilweise einander widersprechenden Tendenzen im Rahmen dieser theoretischen Arbeit der Frage nachgegangen:

> Wie wirken sich die Rahmenbedingungen und Anforderungen der öffentlichen Kinder- und Jugendhilfe auf Professionalität und professionelles Handeln der in diesem Bereich pädagogisch tätigen Personen aus?

Damit eine Annäherung an diese Fragestellung erfolgen kann, wird in Kapitel zwei eine grundlegende für diese Arbeit erforderliche Bestimmung der Begriffe "Soziale Arbeit", „Profession", „professionelles Handeln" und "Professionalität" erfolgen und damit die Rahmung dieser Arbeit darstellen. Weiterhin soll hier daraus ableitend der aktuelle wissenschaftliche Diskussionsstand zur Thematik skizziert und herausgehoben werden. Für die Einordnung der praxisrelevanten Auswirkungen ist dies unabdingbar.

Im dritten Kapitel wiederum sollen das System der Kinder- und Jugendhilfe und ihre Einordnung in das weite Feld von Sozialarbeit im Vordergrund stehen. So sollen überblicksartig deren historische Entwicklung dargestellt und fokussiert werden. Daran anschließend werden die Erwartungshaltungen der Gesellschaft und Anforderungen an die in der öffentlichen KJH tätigen Personen herausgestellt und Berufsfelder benannt. Dabei soll die Betrachtung der Sozialarbeiter bzw. Sozialpädagogen in diesem Hilfesystem im Vordergrund stehen. Auch sollen zum Verständnis der in Kapitel vier darzustellenden Paradoxien und Spannungsfelder die gesellschaftlichen Erwartungshaltungen an die in der KJH tätigen Personen umrissen werden.

Auf den vorangegangenen Kapiteln aufbauend, soll in Kapitel vier das Professionsverständnis der Akteure innerhalb der KJH selbst betrachtet werden. Hierzu soll das benannte professionelle Handeln in den Bereich der KJH transferiert werden. Auch sollen in diesem Zusammenhang einige Paradoxien und Spannungsfelder exemplarisch für das Professionsverständnis aufgegriffen werden. Insbesondere mit dem Ansatz der bedarfsgerechten Handlung soll so möglichst aufgezeigt werden, welche Kompetenzen sich anhand der Rahmenbedingungen und Anforderungen bei den pädagogisch Tätigen in diesem Bereich herausbilden (müssen).

Das fünfte Kapitel, das Fazit zur vorliegenden Arbeit, bildet dann die Abschlussbetrachtung. Hier wird die Beantwortung der Forschungsfrage vorgenommen und erläutert in welchem Umfang dies gelungen ist bzw. gelingen konnte. Auch werden weitere zu betrachtende Punkte in diesem Zusammenhang herausgearbeitet.

2 Begriffsklärungen

In diesem zweiten Kapitel sollen für die vorliegende Arbeit zentrale Begriffe vorgestellt und im Sinne der Notwendigkeit der Einordnung und Hinführung zum Forschungsthema thematisiert sowie skizziert werden. Dabei stellt die Begrifflichkeit der Sozialen Arbeit das übergeordnete System dar, in welches sich die Kinder- und Jugendhilfe als ein Schwerpunktthema einfügt und wird daher zuerst näher betrachtet. Die Begriffe Professionalität und professionelles Handeln begleiten die Entwicklung der sozialen Arbeit, dies soll anschließend im zweiten Teilkapitel herausgearbeitet werden. Aufbauend auf den jeweiligen Definitionen soll dann im letzten Teilkapitel der aktuelle wissenschaftliche Forschungs- und Diskussionsstand vorgestellt werden.

2.1 Soziale Arbeit

Um sich dem Verständnis dieses Begriffes zu nähern, wird zunächst seine geschichtliche Entwicklung skizziert, um sodann seinen Gegenstandsbereich zu umreißen. Schlussendlich wird anhand seiner, im wissenschaftlichen Feld anerkannten Definition die Überleitung bzw. Verwobenheit zur Professionsdiskussion hergestellt.

Historisch betrachtet geht die Soziale Arbeit im Ursprung bis auf die Armenhilfe zurück, welche im Mittelalter u.a. aufgrund der hierarchischen Ordnungen im Berufs- und Ständewesen und den daraus resultierenden Ungleichheiten innerhalb der Bevölkerung zunehmende Bedeutung erlangte (vgl. Amthor, 2012, S. 50 ff.). Daraus erwuchsen die beiden Stränge der Erwachsenen- sowie der Jugendfürsorge, die so mehr oder minder bis in die jetzige Zeit hinein als zwei unterschiedliche und doch heute wieder eng miteinander verwobene Tätigkeitsfelder existieren. Auf eine ausführlichere geschichtliche Entwicklung mit dem Schwerpunkt auf die Kinder- und Jugendhilfe wird später genauer im dritten Kapitel eingegangen. Soziale Arbeit ist in Deutschland in der jetzt verwendeten Form, als relativ junge Begrifflichkeit anzusehen, welche so erst seit den 80er Jahren des vergangenen Jahrhunderts allgemeine Verwendung findet. Zu diesem Zeitpunkt bildete sich dies aus einem Sammelsurium wandelnder und gleichzeitig verwendeter Begrifflichkeiten zu einem gemeinhin anerkannten Oberbegriff für Aufgabenbereiche, Berufsfelder und auch Wissenschaft heraus (vgl. Amthor 2012, S.30 ff.). Es ist hervorzuheben, dass in Deutschland der jetzige Begriff der Sozialen Arbeit „insbesondere die Sozialarbeit als auch die Sozialpädagogik." (vgl. Amthor, 2012, S. 31) umfasst, welcher „die *gleichen geschichtlichen Wurzeln"* (Klus/Schilling, 2015, S. 240) aufweisen. So wurden beide Begriffe häufig parallel verwendet und unscharf voneinander abgegrenzt. Nunmehr ist jedoch zu konstatieren, dass sich der Oberbegriff Soziale Arbeit für beide ehemals disziplinäre Ansätze schlussendlich durchgesetzt hat und so auch heute Verwendung findet (vgl. Otto & Thiersch, 2001, S. V). Dennoch kann und wird Soziale Arbeit noch immer unterschiedlich definiert werden, da dies insbesondere abhängig vom jeweiligen Blickpunkt des Betrachters auf das Feld der Sozialen Arbeit ist (vgl. Klus und Schilling, 2015, S. 240).

Der Gegenstandsbereich der Sozialen Arbeit ist, wenn man sich die hiesigen ersten Ausführungen zur Begrifflichkeit anhand der historischen Entwicklung vergegenwärtigt, der Mensch an sich und speziell dann, wenn dieser Hilfe benötigt. Wie Amthor dazu ausführt (ebd., 2012, S.33) wird verstärkt „der Begriff „Soziale Probleme" in diesem Zusammenhang im Sprachgebrauch verwendet. Primär stets dann, wenn es um die Erläuterung dessen geht, aus welchen Gründen jemand innerhalb des Feldes Sozialer Arbeit tätig wird. An dieser Formulierung wird bereits die aus einer Hilfestellung heraus erwachsende Rolle der hier professionell tätigen Personen deutlich. Somit ist eine Komplexität des Hilfepotentials für Menschen und eine Breite an vielschichtigen Handlungsfeldern gegeben, in welchen sich die Professionellen innerhalb der Sozialen Arbeit bewegen müssen. Auch Staub-Bernasconi (ebd., 1991, S. 3) führt aus, dass der Berufsinhalt die sozialen Probleme in all ihren Facetten aufgreift und zu seinen ihm eigenen Arbeitsfeld macht. Die soziale Integration steht demnach im Vordergrund und wird institutionell betrieben. Wie ebenso Münchmeier (ebd., 2011, S. 538) es benennt, ist die Gleichgewichtswahrung zwischen Individualisierung auf der einen Seite und andererseits den Herausforderungen der Moderne gerecht zu werden, ein wichtiger Bestandteil der Sozialen Arbeit.

Die vorgenannten Punkte aufgreifend und dies in wissenschaftliche Kontexte einbettend, wird der Begriff der Sozialen Arbeit durch den Fachbereichstag Soziale Arbeit und DBSH, aufbauend auf dem gemeinsamen Verständnis Sozialer Arbeit der International Federation of Social Workers (IFSW), wie folgt definiert: „Soziale Arbeit fördert als praxisorientierte[1] Profession und wissenschaftliche Disziplin gesellschaftliche Veränderungen, soziale Entwicklungen und den sozialen Zusammenhalt sowie die Stärkung der Autonomie und Selbstbestimmung[2] von Menschen. Die Prinzipien sozialer Gerechtigkeit, die Menschenrechte, die gemeinsame Verantwortung und die Achtung der Vielfalt[3] bilden die Grundlage der Sozialen Arbeit. Dabei stützt sie sich auf Theorien der Sozialen Arbeit[4], der Human- und

Sozialwissenschaften und auf indigenes Wissen.[5] Soziale Arbeit befähigt und ermutigt Menschen so, dass sie die Herausforderungen des Lebens bewältigen und das Wohlergehen verbessern, dabei bindet sie Strukturen ein.[6]" (DBSH, 2016, S.2). Damit wird deutlich gemacht, dass innerhalb der sozialen Arbeit und im eigenen beruflichen Verständnis die wissenschaftliche Ausrichtung neben einer praxisbezogenen Profession existiert und durch diese Verbundenheit ihre Ausprägung erfährt. Auch wird mit dieser Definition wiederum der bereits zitierte Bezug zu den Problematiken des Lebens hergestellt und als positiver Ausgestalter problematischer Lebenssituationen sowie Hilfsinstrument benannt, welches sich Strukturen der Gesellschaft dazu bedient. Man könnte dies mit dem Motto umschreiben „Aus der Gesellschaft, für die Gesellschaft" und würde damit den Kern der modernen Sozialarbeit treffen, welche sich am Umbau der Gesellschaft und damit einer Zielverwirklichung von empfundener Gerechtigkeit und dem Humanismus verbunden fühlt (vgl. Müller, 2010, S. 21-22). Soziale Arbeit hat somit auch ein eigenes ethisches Selbstverständnis, welches anhand des Kerncurriculums der Sozialen Arbeit (DGSA, 2016, S. 2) ebenso begründet wird. Die Einflussnahme auf die Veränderung sozialer Verhältnisse zählt folglich ebenfalls zu den Merkmalen des Selbstverständnisses. Jedoch wird an dieser Stelle bereits die Unterscheidung in Disziplin und Profession vorgenommen, wobei gleichzeitig deren dennoch vorhandene Konvergenz betont wird. Insbesondere dahingehend, dass akademisch auszubildendes und handlungstheoretisch vermittelndes Verständnis dazu beiträgt die Soziale Arbeit zu entwickeln und fortzuschreiben.

Die einheitliche Akademisierung, welche dafür Voraussetzung ist, wurde erst mit dem Studiengang Soziale Arbeit aufgrund des Beschlusses der Kultusministerkonferenz seit 2001 (KMK, 2001) als eigenständigen fachwissenschaftlichen Zweig begonnen voranzutreiben. Mit diesem wichtigen Schritt konnte der Grundstein zum Übergang von zersplitterten Studienrichtungen mit sich überlappendenden und teils ähnlichen beruflichen Handlungsfeldern endlich in einer Fachrichtung vereint werden. So werden die theoretischen Grundlagen rund um die Hilfebedarfe von Menschen, deren Unterstützung zu planen, organisieren sowie zu begleiten, wie sich dabei auch an den dafür notwendigen wissenschaftlichen Theorien und Grundlagen zu orientieren (vgl. KMK, 2001, S. 34 ff.) in einer nunmehr einheitlichen Studienordnung und einem gemeinsamen Selbstverständnis verankert. Und dies, obwohl und während dann die beruflichen Einsatzmöglichkeiten breit gefasst sein können. Die gehobene Bedeutung, welche der Praxisorientierung beigemessen wird, ist ein besonderes Merkmal des Studiums der Sozialen Arbeit und wird in berufspraktischen Phasen während des Studiums absolviert.

So führt dann die berufliche Praxis dann in verschiedenste Aufgabenfelder, beispielhaft seien Einsatzmöglichkeiten in der Obdachlosenhilfe, der im Rahmen dieser Arbeit näher betrachteten Kinder- und Jugendhilfe, der Drogen- und Suchthilfe, der Gesundheitsberatung sowie der Unterstützung älterer Menschen in Betreuungsfragen benannt. Die gesetzliche Grundlage vieler der vorgenannten beruflichen Aufgabenfelder findet sich primär in den einzelnen Sozialgesetzbüchern (SGB), welche seit den 70er Jahren verabschiedet wurden, um aus verschiedenen zersplitterten Gesetzmäßigkeiten ein inhaltlich zusammenhängendes Gesetzeswerk zu schaffen (vgl. SGB, 2017). Innerhalb dieser Arbeit wird bei der Betrachtung der KJH das Achte Buch Sozialgesetzbuch (SGB VIII) eine primäre Rolle zur gesetzlichen Rahmung für die beruflichen Handlungsfelder einnehmen.

2.2 Profession/ Professionalisierung/ professionelles Handeln

Nachdem nun das Feld der Sozialen Arbeit kurz abgesteckt und für die vorliegende Arbeit betrachtet wurde, ist dieses Teilkapitel dem Umriss weiterer wichtiger Begrifflichkeiten gewidmet. So sollen nun die miteinander verwobenen und schwer voneinander abzugrenzenden Begriffe des professionellen Handelns, der Professionalität bzw. der Profession an sich bezogen auf die Soziale Arbeit betrachtet werden. Sie werden nachfolgend im Einzelnen skizziert und im darauffolgenden dritten Teilkapitel dann in den Diskurs um die Professionalisierung der sozialen Arbeit in verschiedene prägnante Kontexte eingebettet.

Der Begriff Profession wird im Duden (ebd., 2017, S. 885) noch vereinfacht mit den Begriffen von Arbeit und Beruf gleichgesetzt. Doch kann diese veraltete Definition von Profession einem wissenschaftlichem Verständnis nach nicht ausschließlich mit dem Beruf gleichzusetzen sein. Es müssen darüber hinaus daher zusätzliche Attribute vorliegen, um einem Beruf den Begriff der Profession zuzuordnen. So werden im allgemeinen Sprachgebrauch die traditionellen Berufsstände innerhalb von Jurisprudenz, Medizin und Theologie aufgrund ihrer akademischen Ausrichtung und gewisser übereinstimmender Alleinstellungsmerkmale als Professionen verstanden. In den Diskursen rund um die Frage, ob denn Soziale Arbeit eine Profession sei, wurden und werden mittlerweile jedoch nahezu übereinstimmend andere Merkmale zur Beurteilung herangezogen. Insbesondere aus der ihnen eigenen Dienstleistungsverpflichtung und Mandatsübertragung zwischen Klienten und Professionellen (vgl. Schütze, 1992, S. 135) soll eine Profession als ein abzugrenzender Arbeitsbereich verstanden werden. Hierzu wird auch bereits detaillierter von Böhnisch & Funk (ebd., 2013, S.128 ff.) ausgeführt, dass Professionen eine hohe Nachvollziehbarkeit ihrer Handlungen aufgrund den ihnen eigenen und innewohnenden Kriterien von Güte zuzuweisen sind. Es kann demnach nicht nur das Produkt am Ende der professionellen Handlung qualitativ in den Blick genommen werden, sondern die Handlung selbst muss eine hohe Qualität aufweisen, um als professionell gelten zu können. Weiterhin wird ebenso von diesen der Profession ein hoher Autoritätsanspruch aufgrund der in ihrer Ausübung erworbenen Sach- und Fachkompetenzen zugesprochen. Dies bestätigt Birgit Geissler in ihren Ausführungen (ebd., 2013, S. 20) und bringt zusätzlich aus dem wissenschaftlich konsensfähigen Merkmalskatalog die Exklusivität der Berufsausübung, den hohen sozialen Status wie auch der Selbstkontrolle des Berufsstandes durch ihm eigene Normen zur Abgrenzung gegenüber anderen Berufen bei. Anhand dieser Merkmale wird bereits der Diskurs geführt, ob denn Soziale Arbeit all diese Merkmale erfüllt und demnach als Profession, Semi-Profession oder überhaupt noch nicht als Profession zu bezeichnen sei. Grundsätzlich bleibt festzuhalten, dass „...sich mittlerweile eine eigenständige Professionsforschung in der Sozialarbeit/Sozialpädagogik etabliert." (Dewe und Otto, 2011, S. 1131) hat.

Sofern jedoch aus einer anderen Perspektive heraus die Professionalisierung oder Professionalität von Berufszweigen im Allgemeinen und der Sozialen Arbeit im Speziellen betrachtet wird, nähert man sich auch bereits bei einer Definition dieses Begriffes teils kontroversen Betrachtungen. Jedoch wird hier der Diskurs, aufgrund der eher berufspraktischen Betrachtung in diesem Zusammenhang mit anderen Argumenten untersetzt. Benennt Mulot im Fachlexikon der Sozialen Arbeit die Professionalisierung bereits als den „(Prozess des Übergangs von Berufen zu Professionen)" (ebd., 2017, S. 667) so zeichnet sich hier bereits die prozessorientierte Betrachtung des Begriffes ab. Dies ist auch unabdingbar, da mit der Professionalisierung eben genau der Weg hin zu einer Profession beschrieben wird. Während Lamnek u.a. (ebd., 2017, S. 509) die Professionalisierung als „Herausbildung spezifischer Qualifikationsanforderungen an die Berufsausübung..." ansehen, wird im Fachlexikon der Sozialen Arbeit (ebd., 2017, S. 667) die Professionalisierung bereits als eine Weiterentwicklung und Höherstellung von bestimmten Berufen charakterisiert. Dies basiert nach den dortigen Ausführungen auf der Ausformung eines berufstypischen und somit individuell zurechenbaren Habitus, welcher durch wissenschaftliche Bildung in Verbindung mit berufspraktischen Inhalten seine Prägung erhält. Zentrales Merkmal ist ihr insbesondere die Handlungssouveränität gegenüber den Klienten und die daraus erwachsenden Paradoxien im Umgang mit diesen. Nunmehr wird mit diesem Argumentationsstrang das Handeln an sich, also ein konkretes Tun mit den Begrifflichkeiten rund um die Professionalisierung verwoben und führt damit auch zu einer notwendigen Einordnung des Begriffes des professionellen Handelns.

Mit diesem professionellen Handeln wird also eine zielgerichtete Aktion des durch seine Fachkompetenz befähigten und somit auch verantwortlichen Experten bezeichnet. So führen auch Dewe und Otto (ebd., 2011, S. 1137) aus, dass das Ziel dieses professionellen Handelns darin besteht über vorhandene Kompetenzen des Handelnden ein tieferes Verständnis der Problemlagen der Klienten und daraus resultierend auch Verhaltensänderungen bei diesen hervorzurufen. Demnach muss diesem Handeln eine besondere Bedeutung und Qualität innewohnen, welche die individuellen Fähigkeiten des Einzelnen in den Blick nimmt. Bezogen auf das hier betrachtete Feld der Sozialen Arbeit erscheint professionelles Handeln als geeignet, die Problemlagen der Menschen mit der für eine Problemlösung notwendigen Hilfeleistung zu untersetzen. Dass dieses Handeln als professionell empfunden wird, liegt also einerseits am dafür notwendigen Expertentum des Handelnden. Insbesondere dass diesem die für seine Arbeit notwendigen Kompetenzen und Handlungsstrategien zur Verfügung stehen und die Befähigung vorhanden ist, diese zielgerichtet umzusetzen. Anderseits die Tatsache, dass das Handeln vom Klienten als professionell und geeignet empfunden wird. Verinnerlicht man diese Grundannahme und nimmt sie als essentiell für den Begriff einer professionellen Sozialen Arbeit wird mit dem Beitrag von Esser (ebd., 2007, S. 109) und seinen Aussagen, dass weder innerhalb dieses Berufsfeldes noch auf die Gesellschaft gerichtet Anerkennung aufgrund ihres Status bzw. ihrer Fachkompetenz auszuweisen, ein nicht zu unterschätzendes Spannungsfeld aufgeworfen. So führt auch Geissler (ebd., 2013, S. 30) in Anlehnung an Pfadenhauers Aussagen aus, dass Professionalität sich stets über die Anerkennung des Anderen im Prozess definiert und demnach auch immer davon abhängig ist, wie professionell das Handeln des pädagogisch Tätigen wahrgenommen wird. Nach Dewe und Otto (ebd., 2001, S. 1407) soll das professionelle Handeln als ein Handeln auf einem nur einem begrenztem Kreis von Personen zugänglichen Expertenwissen basieren und gleichzeitig eine situative Reflexivität einschließt, welche aus dem praktischen Umgang mit den Klienten erwächst.

Nicht gänzlich unerwähnt soll an dieser Stelle der Begriff bzw. die Tendenz der Deprofessionalisierung von Sozialer Arbeit bleiben, welche ebenfalls in den Diskursen eine Rolle spielt. Diese findet immer dann statt, wenn die vorgenannten Merkmale von Professionalisierung zu wenig berücksichtigt werden oder versucht wird die Handlungen zu standardisieren. Verallgemeinert ausgedrückt die notwendigen Kompetenzen zu vernachlässigen.

2.3 Diskussionsstand

Um einen kurzen Überblick zum Diskussionsstand darzustellen bzw. die verschiedenen Strömungen des Professionalisierungsdiskurses innerhalb der sozialen Arbeit einordnen zu können, ist es wichtig voranzustellen, dass dieser Diskurs im deutschsprachigen Raum erst durch die Akademisierung der Sozialen Arbeit in Deutschland entflammte und seitdem mit verschiedenen Theorien und wissenschaftlichen Sichtweisen untersetzt wird. Auch Dewe und Otto (ebd., 2011, S. 1131) schildern die Verwendung des Professionalisierungsbegriffes als ein dauerhaftes Diskursthema, weisen ihn sogar als Schlüsselbegriff innerhalb der Sozialen Arbeit aus und treiben mit ihren Arbeiten diesen Diskurs auch voran. Noch immer ist keine abschließend einvernehmliche Antwort auf die Frage, ob denn die Soziale Arbeit eine Profession ist gefunden worden. Für die gegenwärtige Entwicklung des Diskurses im deutschsprachigen Raum rund um die Profession Soziale Arbeit werden vorliegend drei Theorien bzw. prägende Strömungen umrissen und sollen hier kurz dargestellt werden. Dies sind die strukturtheoretische Professionstheorie, welche auf Ulrich Oevermann zurückgeht, die interaktionistische Professionstheorie, welche von Fritz Schütze weiterentwickelt worden ist und die Einflüsse der hermeneutisch-rekonstruktiven Sozialen Arbeit mit verschiedenen Vertretern am Beispiel der empirischen Untersuchung von Becker-Lenz und Müller-Herrmann.

2.3.1 Oevermanns Strukturtheorie

Der zentrale Aspekt in Oevermanns Professionstheorie (vgl. Oevermann, 1996, S. 148) ist die eines sich auszugestaltenden Arbeitsbündnisses zwischen Klienten und Professionellen, welches die Kooperation beider Akteure bedingt. Jedoch auch dergestalt von einem nicht immer eindeutigen Vertrauensverhältnis charakterisiert wird. Es werden drei funktionale Fokusse des professionalisierten Handelns von ihm in seine Theorie eingebracht, welchen spezialisierten Ausrichtungen ebendieses Handelns zugesprochen werden. Dies ist zum einen der Fokus auf wissenschaftlicher Betrachtung, da nur mit diesem eine rekonstruktive und allumfassendere Sichtweise gewährleistet werden kann. Des Weiteren der Fokus auf der Beschaffung von Therapie, diesem wird von ihm die Herstellung von beschädigter

Integrität zugeordnet. Sowie zu guter Letzt die Herstellung von Wahrheit, welcher durch die Überprüfbarkeit von Geltungsfragen und -ansprüchen methodisch erfolgen sollte (vgl. ebd., S. 88). Bezogen auf die Strukturprobleme aus dem Lebensalltag der Klienten wird hierbei von ihm hierbei der Begriff der stellvertretenden Deutung geprägt. So wird nach seiner Ansicht für ein professionelles Handeln unumgänglich sein, dass über das gesprochene Wort des Klienten hinaus auch ein objektivierbarer Sinn durch den Professionellen mit erkannt und erfasst wird (ebd., S. 156). Mithilfe der Kompetenz die in der wissenschaftlichen Ausbildung erworbenen Theorien und Erkenntnisse auf die jeweilige Krise der Klienten anzuwenden. Dies soll helfen das Problem der Klienten zu identifizieren und für diese Lösungsangebote zu schaffen und zu unterbreiten. Denn nicht die Lösung des Problems durch den Professionellen selbst soll erfolgen, sondern die Unterstützung zur Befähigung durch den Klienten selbst ist das Ziel professionellen Handelns in diesem Sinne. So führt er aus: „Professionalisiertes Handeln ist wesentlich der gesellschaftliche Ort der Vermittlung von Theorie und Praxis unter Bedingungen der verwissenschaftlichten Rationalität..." (ebd., S. 80). Es sind seiner Ansicht nach die theoretisch erworbenen Kompetenzen immanent für ein konkretes Fallverstehen und stellen klar, dass dies eine akademische Fundierung benötigt. Es muss hinausgehen über bloßes Expertentum, was auch durch rein berufspraktische Handlungen erwerbbar scheint. Denn insbesondere dadurch, dass nach seiner Ansicht keine standardisierte Fallbearbeitung möglich ist, wird eine theoretische Unterfütterung der zu vollziehenden Handlungen immanent. Jede Lebenskrise eines Klienten muss stets individuell zu begreifen sein und kann daher nicht nur aus berufspraktischen Erfahrungen erworbenen Wiederholungsmustern bearbeitet werden. Hieraus und dies führt zu der Aussage, dass seiner Ansicht nach die Soziale Arbeit noch keine Profession sei, wird von ihm wiederum die Professionalisierungsbedürftigkeit der Sozialen Arbeit an sich abgeleitet (vgl. ebd., S. 136ff.).

2.3.2 Der interaktionistische Ansatz von Friedrich Schütze

Einen anderen Ansatz, jedoch diesen auch als Bindeglied zwischen Theorie und Praxis verstehend, verfolgt Friedrich Schütze mit seinen theoretischen Überlegungen zur Professionalität. Er greift zur Erläuterung, warum seiner Ansicht nach die Soziale Arbeit bereits eine Profession sei (ebd., 1992, S. 135 ff.), auf die Theorien des Symbolischen Interaktionismus und der Chicago-Soziologie zurück und erläutert anhand von sechs Dimensionen deren zentralen Merkmale. So ist insbesondere die Orientierung der Dienstleistungen am Klienten durch ein innewohnendes gesellschaftliches Mandat, welches in einen restriktiv abgesteckten Handlungsbereich vollbracht wird, für ihn prägend. Weiterhin die Analyse der „alltagsweltlichen Existenzwelt" (ebd., 1992, S. 136) auf einer höheren, d. h. abstrakteren Ebene und ein zu diesem Zweck immer wieder neu zu schließender Vertrauenskontrakt zwischen Klienten und Professionellem. Denn genau diese Analyse können die Klienten nicht selbst durchführen, was jedoch als Risiko birgt, dass die Kontraktbildung „...(möglicherweise fälschlich) unproblematisch und (möglicherweise nur scheinbar) unwidersprochen, unterstellt."(ebd., 1992, S. 136) wird. Dazu wird mit speziellen und machtvollen Verfahren seitens des Professionellen in die Sphären des Klienten eingedrungen, die sich für diesen als Eingriff und sogar schmerzhaft erweisen können. Dabei wird aufgrund des vom Professionellen verinnerlichten theoretischen Wissens die Problemeinordnung und Analyse der Klienten in deren Alltagssituation vorgenommen. Dieser Eingriff geschieht immer dann, wenn denn Klienten die auftretenden Schwierigkeiten in ihren Lebenssituationen nicht mehr allein bewältigen können. Als letzter und doch im Diskurs um Professionalisierung innerhalb der Sozialen Arbeit zunehmend wichtiger Punkt wird von Schütze der Umgang mit nicht umgehbaren und auch nicht in jedem Fall lösbaren Paradoxien betrachtet. Damit sind Widersprüche in der täglichen Arbeit, also Situationen gemeint, in denen das Handeln der Professionellen selbst in einen Widerspruch oder einen Konflikt gerät. So wird der Umgang mit ihnen im beruflichen Handlungsfeld der Sozialen Arbeit als gegeben erachtet, dennoch kritisch betrachtet und in den Diskurs um Professionalität eingebettet. Diese Schwierigkeiten in der Fallbearbeitung sind notwendigerweise vom Professionellen zu erkennen, mit sinnhaften Interaktionsverhalten aufzulösen und im Sinne der Klienten zu bearbeiten. Als Beispiele werden von ihm (vgl. ebd., 1992, S. 147 ff) insbesondere die Typisierung von Fällen und deren Situierung, die Nichtvorhersehbarkeit und Entwicklung eines Falles, das Geduldige Zuwarten versus sofortiger Intervention, die Möglichkeit des Vertrauensbruches aufgrund des Mehrwissens des Professionellen und seines Verschweigens möglicher Ergebnisse, Ordnungs- und Sicherheitspunkte beim Treffen von Entscheidungen vs. der Eingrenzung der Entscheidungsfreiheit, die biografische Ganzheitlichkeit des Falles im Gegensatz zur Expertenspezialisierung wie auch das Paradox des exemplarischen Lösens von Situationen durch Vormachen im Konflikt mit der damit einhergehenden Reduktion der Eigenständigkeit des Klienten benannt. Diese Paradoxien werden im vierten Kapitel näher betrachtet und mit den Konstellationen aus der KJH in Verbindung gesetzt. Denn es werden während der Bearbeitung häufig Fehler bei der Auflösung der Paradoxien von den professionellen begangen. Dies insofern, dass diese nicht transparent ausgebreitet werden und es demzufolge zu fehlerhafter Kommunikation von Vereinbarungen und Zielen kommt, welche wiederum zu negativen Wirkweisen auf die Lebenswelt der Klienten führen kann (vgl. ebd., 1992, S. 138). An diesen Paradoxien anknüpfend, vertritt Schütze (ebd., 1992, S. 165) die These: „daß gerade die Sozialarbeit als „bescheidene" Profession die modernen Problemstellungen professionellen Handelns besonders intensiv verkörpert." So werden seiner Ansicht nach die in der Sozialen Arbeit beobachtbare Wichtigkeit der Paradoxien und der Umgang damit mehr und mehr auch für andere Professionen relevant. Die komplexer werdenden Problemlagen werden seiner Ansicht nach die ursprünglichen Grenzen von Professionen durchlässig machen und deren Zuständigkeiten erweitern und verschieben. Dies ist auch Output nicht nur des Anspruches den Professionelle innerhalb ihres Berufsfeldes entwickeln, sondern auch wiederum, weil der gesellschaftliche Auftrag ihnen eben dies anheimstellt (ebd., 1992, S. 164). Die Bearbeitung auch innerhalb der auftretenden Paradoxien sollte somit auch zur Weiterentwicklung der Profession Soziale Arbeit führen, welche „...noch nicht denjenigen Grad an Autonomie erworben hat, wie die Professionen der Medizin, Jurisprudenz oder auch die technischen Professionen." (ebd., 2012, S. 144). Denn gerade, weil diese Profession noch nicht vollständig ausgeprägt, sondern noch professionalisierungsbedürftig sei, ist sie besonders vom Einfluss der Paradoxien betroffen. Es wird auch hier ein spezieller Habitus unterstellt, welchen die in der Sozialen Arbeit tätigen Personen besitzen (sollen) und welcher sie umgibt. Mit diesem Habitus, welcher in seiner hier verwendeten Form auf Bourdieu zurückgeht, ist die inkorporierte Form des Seins an sich gemeint. So wird durch den Habitus innerhalb der Sozialen Arbeit das Handeln der Professionellen strukturiert und gesteuert, in ihn fließen die erworbenen theoretischen Kenntnisse und das während der praktischen Ausübung erworbene Erfahrungswissen ein. Jedoch ist dies nicht angeboren und grundsätzlich verfügbar. Es bilden sich die ausprägenden Merkmale, welche unabdingbar für deren strukturelle Arbeit und Überzeugungen sind, zur Wirklichkeit aus und machen damit den Professionellen zu dem was er ist (vgl. Bourdieu, 2012, S. 285 ff.).

2.3.3 professionsbedingter Habitus von Becker-Lenz und Müller-Herrmann

Die Notwendigkeit eines speziellen Habitus innerhalb der Sozialen Arbeit wird von Becker-Lenz und Müller-Herrmann aufgegriffen und anhand einer eigenen empirischen Forschung konzeptionell untersetzt. Sie (ebd., 2013, S. 203) trennen im Sinne einer auf die Profession gerichteten Sichtweise die wissenschaftliche Grundlage, die klassisch theoretische Disziplin der Sozialen Arbeit von der von ihnen näher betrachteten berufspraktischen Handlung, der eigentlichen Profession ab. Sie knüpfen mit ihren Überlegungen an Oevermanns Theorie an und setzen die Nicht-standardisierbarkeit sowie die Einübung von „...bestimmten methodischen und technischen Fähigkeiten..." (ebd., 2013, S. 211) als Voraussetzungen zur Erlangung eines berufsspezifischen Habitus an. So wird nach ihrer Auffassung der Habitus nicht bloß durch die Aneignung von Wissen und Fertigkeiten geformt, sondern ist ein ganzheitlicher Vorgang, der sich kontinuierlich im Verlauf des Lebensabschnitts Studium und Beruf vollzieht. So „...müsste das Studium Bildungsprozesse initiieren und unterstützen, im Verlaufe derer die auf der Habitusebene liegenden Kompetenzen sich bilden bzw. weiterbilden können." (ebd., 2013, S. 211). Es sollte daher ein sog. Professionsideal entwickelt und von den Institutionen einhellig verwendet werden. Als Grundlage dafür wird von ihnen das Vorhandensein von drei Komponenten benannt, welche sie mit einem spezifischen Berufsethos, der Fähigkeit zur Gestaltung eines Arbeitsbündnisses sowie der Fähigkeit des Fallverstehens unter Einbeziehung wissenschaftlicher Erkenntnisse klassifizieren. Dabei grenzen sie die aus ihrer Sicht notwendige ethische Berufsgrundhaltung von den Definitionen der Berufsverbände und nimmt konkretere Zielstellungen in den Fokus. So sind für einen angemessenen Berufsethos grundsätzlich die Unterstützung von Menschen und die Beförderung von Bildung für diese als primär anzusehen. Auch die eigeninteressierte Mitwirkung des Klienten selbst spielt in die Grundhaltung mit ein. Wie auch die Interventionsorientierung am Wohle der Klienten unter Wahrung des Gemeinwohls. Dabei sollen wissenschaftliche Erkenntnisse einfließen sowie im Bedarfsfall auf die Änderung von Gesetzlichkeiten hingearbeitet werden, sofern diese den berufsethischen Grundsätzen zuwiderlaufen (vgl. ebd., 2013, S. 220 ff.). Das Arbeitsbündnis, welches im Interaktionsmuster für die Professionalisierung von Oevermann geprägt worden ist, soll in jedem Fall die Freiwilligkeit gewährleisten und ggf. auch eine Ablehnung dessen zu respektieren haben. Das Bündnis muss ferner dem Prinzip folgen, dass die Hilfe zur Selbsthilfe des Klienten befähigen soll. Auch müssen die Professionellen ihrer Rolle im Arbeitsbündnis entsprechend sich für den Klienten in seiner Gesamtheit interessieren und dabei jedoch nicht die ihnen zustehende Rolle verlassen. So müssen sie in jedem Fall in der Lage sein, auftretende Übertragungsphänomene zu erkennen und ihnen angemessen zu begegnen. Schlussendlich verneinen sie das Vorliegen eines doppelten Mandates, da das Ziel der Professionellen innerhalb der Sozialen Arbeit die Ermöglichung von Übereinstimmung der Interessenslage der Politik mit den Interessen des Klienten sein sollte. Zu guter Letzt wird von Ihnen die Fähigkeit des Fallverstehens unter Einbeziehung der wissenschaftlichen Erkenntnisse als tragende Komponente gefordert, da nur in stringenter Anwendung dessen die Autonomie bzw. Integrität der Klienten gewahrt werden kann. So sollte ein Fall stets rekonstruiert und erst dann mit den theoretischen Modellen verknüpft werden. Dies schließt die Fähigkeit ein „…einerseits, rekonstruktionslogisch die Besonderheit der Fallstruktur erfassen zu können, und andererseits in der Lage zu sein, subsumtionslogisch Fallphänomene auf bestimmte abstrakte Kategorien zu beziehen." (ebd., 2013, S. 225). Sofern diese Kernpunkte innerhalb der Profession beachtet und angewandt werden können, sollte sich in der beruflichen Praxis ein Professionsideal herausbilden. Mit Ihren Thesen versuchen Becker-Lenz und Müller-Hermann eine Veränderung der Studieninhalte in Bezug auf die gewandelten Anforderungen zu imitieren und bilden damit einen aktuellen Standpunkt des Professionalisierungsdiskurses ab.

2.3.4 Übertragbarkeit auf diese Arbeit

Anknüpfend an Friedrich Schütze sowie auch an die Ausführungen von Becker-Lenz und Müller-Herrmann wird in dieser Arbeit davon ausgegangen, dass die Soziale Arbeit bereits eine Profession ist. Jedoch einer fortwährenden Professionalisierungsbedürftigkeit unterliegt und sich insbesondere bei der akademischen Ausbildung noch Potenziale dazu verbergen. Professionalisierung soll also im berufspraktischen Sinne die professionelle Handlungsfähigkeit anhand von notwendigen Kompetenzen prozesshaft abbilden. Die sich in diesem Sinne konstituierende Habitualisierung der Professionellen soll anhand der Paradoxien und den Schwierigkeiten, welche in diesen Spannungsfeldern auftreten, im Kontext der Handlungssituationen von Beschäftigten der öffentlichen KJH betrachtet werden.

3 Die öffentliche Kinder- und Jugendhilfe als Berufsfeld

Mit diesem Kapitel soll die öffentliche Kinder- und Jugendhilfe als Betätigungs- und Berufsfeld betrachtet werden. Zum besseren Verständnis der differenzierten Handlungs- und Problemfelder, welche der KJH heute innewohnen ist es notwendig zunächst einen geschichtlichen Überblick in dieses spezielle Tätigkeitsfeld der Sozialen Arbeit zu gewinnen. Dieses entwickelte sich historisch gesehen aufgrund verschiedener jeweiliger Lebenslagen und ihrer Randbedingungen aktueller Problemlagen. Darauf aufbauend soll im zweiten Teilkapitel das heutige Spektrum der Kinder- und Jugendhilfe an sich vorgestellt werden. Im dritten Unterkapitel sollen dann aufgrund der vorher skizzierten Aufgaben die gesellschaftlichen Erwartungshaltungen an die Akteure der öffentlichen Kinder- und Jugendhilfe dargelegt werden. Während im letzten Teilkapitel die gesetzlichen und beruflichen Rahmenbedingungen aufgezeigt und die Anforderungen an die beruflichen Akteure benannt werden.

3.1 Geschichtliche Entwicklung der Kinder- und Jugendhilfe

Veranschaulicht werden soll die Entwicklung der KJH u.a. anhand der historischen Entwicklung in dieser Arbeit. Dabei wird diese jedoch vorliegend nur anhand einiger ausgewählter Etappen und Meilensteine in Teilen dargestellt, um die Entwicklung anhand dieser Kernpunkte und sogenannter Meilensteine deutlich zu machen.

Weit bis ins späte Mittelalter geht die Entwicklung auf die sich dazumal entwickelten ersten Stränge einer Kinderfürsorge (vgl. Jordan u.a., 2015, S. 31 ff.) zurück. Von organisierten Ansätzen oder gar flächendeckend eingesetzten Instrumenten kann in diesem Zusammenhang jedoch noch nicht gesprochen werden. Der Beginn einer rudimentären Kinderfürsorge bildete sich aufgrund der Unterbringung von armen Menschen in sogenannten Hospitälern und der sich nach und nach durchsetzenden Trennung der armen Kinder von den Erwachsenen und ihrer Inobhutnahme in speziellen Findel- und Waisenhäusern (vgl. Schilling, 2015, S. 55) heraus. Die Gesellschaft nahm sich dieser Kinder an, um sie vor Verwahrlosung zu schützen und ihnen Erziehung angedeihen zu lassen. Das aufkommende Luthertum und die Arbeit als Ausdruck eines tugendhaften Lebens und damit auch die Produktivität als zentraler Baustein eines „zeitgenössischen Menschenbildes" (Jordan u.a., 2015, S. 32) trugen jedoch vermehrt dazu bei, dass auch diese Schutzeinrichtungen für Kinder deren Arbeit und die Mehrung des Wohlstandes Einzelner in den Vordergrund rückten. Der vermeintliche Erziehungsgedanke wurde nahezu gänzlich vernachlässigt und die Ausbeutung der Kinder, als die schwächsten Mitglieder der Gesellschaft als rentabel betrachtet.

Erst mit der Entwicklung des Schulwesens im späten 18. Jahrhundert gelang es wiederum „die Erziehung und Bildung der Kinder unterer Sozialschichten" (ebd., 2015, S. 36) verstärkt als gesellschaftlichen Auftrag zu verankern. Insbesondere brachte jedoch Rousseau (vgl. Jordan u.a., 2015, S.38) mit seiner Akzentuierung der Eigenständigkeit einer Kindheitsphase eine völlig neue Perspektive in die gesellschaftliche Betrachtung von Erziehung und damit auch der Entwicklung des Menschen an sich und der für ihn notwendigen Unterstützungsleistungen. So sind in diesem Zusammenhang ebenso die Einrichtung sog. Strickschulen durch Johann Heinrich Pestalozzi wie auch die Konzeptionierung frühkindlicher Erziehung durch Friedrich Fröbel als Meilensteine in Hinblick auf Kleinkindererziehung und deren Entwicklung einer eigenen Persönlichkeit zu nennen (vgl. Schilling, 2015, S. 60). Dennoch war es so, dass diese „Anfänge institutionalisierter Kleinkindererziehung" (Jordan u.a., 2015, S. 42) bis ins beginnende 20. Jahrhundert hinein keine größere Bedeutung erlangten und ihnen stattdessen mehr eine Aufbewahrungsfunktion für die arbeitenden Eltern statt einer tatsächlichen, wie ehedem angedachten, Förderungsmöglichkeit der Kleinkinder zukam. Auch der im frühen 19. Jahrhundert stattfindenden Eingrenzung der Kinderarbeit durch das „ „Preußische Regulativ über die Beschäftigung jugendlicher Arbeiter in Fabriken" vom 06. April 1839" (Jordan u.a., S. 43) kann in diesem Zusammenhang als wichtiger Punkt auf der Fortentwicklung einer staatlichen Einflussnahme in der Kinder- und Jugendfürsorge angesehen werden. Denn ein Aspekt bei der Verabschiedung dieses Gesetzes sollte auch sein, der Ausbeutung der Kinder im allgemeinen und auch durch deren eigene Eltern entgegenzuwirken. Dies wurde dann durch die Bestimmungen des Kinderschutzgesetzes von 1903 weiterfortgeschrieben.

Ein ebenso wichtiger und zu nennender Meilenstein ist die Entstehung von Berufsvormundschaften für sogenannte Haltekinder, welche schlussendlich 1900 für alle unehelichen Kinder, welche sich in Pflegschaft befanden, eingeführt wurde. Sofern im späten 19. Jahrhundert schon die Arbeits- und Lebensbedingungen für Kinder bei ihren Eltern als desolat empfunden wurden, waren die Bedingungen für Pflegekinder um ein Vielfaches als schlechter anzusehen. Doch mit dem Modell der Berufsvormundschaft wurde erstmalig eine derartig enge Verknüpfung von Erziehung an sich und der Vormundschaft geschaffen, dass aufgrund der nunmehr möglichen Vormundschaft für mehrere Kinder dies auch im Rahmen einer erwerbsmäßigen Ausübung der Vormünder ausgeübt werden konnte (ebd., S. 46). Damit konnte der Grundstein für eine bessere Pflege und Erziehung der ihnen anvertrauten Pflegekinder aufgrund des finanziellen Ausgleiches erreicht werden. Eine gesetzliche organisatorische Grundlage wurde hierzu 1871 mit der Reichsverfassung geschaffen, welche die Zuständigkeit der Länder für die Kinder- und Jugendfürsorge festschreibt (Jordan u.a., S. 58). Hier kommt dann erstmalig der Föderalismusgedanke zum Tragen, welcher bis heute fortwährend die KJH begleitet und mitunter ebenso zu Spannungsverhältnissen führt.

Ebenso wichtig anzusehen ist die Entwicklung der Jugendbewegungen zum Ende des 19. Jahrhunderts bis hin zum Beginn des 20. Jahrhunderts. Es entstand zum einen die bürgerliche und proletarische Jugendbewegung, welche sich im Grund anderen und eher als alternativ anzusehenden pädagogischen Ansätzen zuwandten und damit auch der Entwicklung von freiheitlichen Erziehungsgedanken und der Überwindung von gesellschaftlichen Zwängen Vorschub leisteten (Jordan u.a., S. 51 ff.). Zum selben Zeitpunkt entwickelte sich jedoch ebenso eine staatliche Jugendpflege, deren primäres Ziel nach und nach in der Unterstützung der bürgerlichen Vereine lag. Dadurch sollte der Einfluss des Staates auf den Freizeitbereich der Jugendlichen als Antriebsfeder für mögliche Einflussnahmen hinsichtlich der gesellschaftlichen Entwicklung und Integration genutzt werden. Das Ende des ersten Weltkrieges jedoch führte wiederum zu einer Verelendung der Arbeiterbevölkerung und damit insbesondere auch deren Kindern konnten aufgrund ihrer organisatorischen Zersplitterung und fehlender rechtlicher Klarstellungen hinsichtlich der Zuständigkeiten weder staatliche noch private Organisation in ausreichender Form gegenwirken. So wurde „auf dem Jugendfürsorgetag 1918 eine gesamtheitliche Regelung für die öffentliche Jugendhilfe gefordert, ein „Reichsjugendamtsgesetz". (ebd., S. 58). Dieses als Reichsjugendwohlfahrtsgesetz (RJWG) ist dann am 09.06.1922 vom Deutschen Reichstag verabschiedet worden und sollte in der verabschiedeten Form viele Pflichtaufgaben der Länder hinsichtlich der Kinder- und Jugendfürsorge regeln und daher am 01.04.1924 in Krafttreten. Dabei können als wesentliche Kernpunkte dieses Gesetzes die Regelung der des Pflegekinderwesens, u.a. mit ihrer Unterbringung in Pflegekinderanstalten oder geeigneten Familien, sowie der Amtsvormundschaft und der Mitwirkung als Jugendgerichtshilfe genannt werden. Auch wurde der Oberbegriff Jugendhilfe für die Pflege und Fürsorge von Kindern und Jugendlichen aller Altersgruppen gewählt und erstmalig das Verhältnis von öffentlicher und freier Jugendhilfe geregelt. Daran ist zu bemerken, dass vor allem überfällige Entscheidungen hinsichtlich der Noch vor 1924 wurden jedoch teilweise Bestimmungen aufgrund der Folge der vorherrschenden Inflation zu diesem Zeitpunkt durch eine erlassene Verordnung wieder außer Kraft gesetzt. (vgl. ebd., S. 59-60) und erst Jahre nach dem 2. Weltkrieg wieder als verpflichtend erklärt. Hinzuzufügen ist an dieser Stelle ebenfalls die gesetzliche Normierung eines Jugendgerichtsgesetzes, welches 1923 verabschiedet wurde und in seinen Grundzügen auch heute noch existiert. In diesem ist u.a. die Strafmündigkeit von Jugendlichen auf das 14. Lebensjahr festgeschrieben und es wurde auch hinsichtlich der Prüfung eines Reifegrades bei der Beurteilung der Strafmündigkeit bereits der Grundcharakter in der auch heute noch geltenden Form gelegt.

Mit Machtübernahme der Nationalsozialisten ab 1933 wurden durch verschiedene Erlasse und Verordnungen dann politisch und rassisch motivierte Ideen zum neuen Erziehungsziel erhoben und auch in verschiedensten staatlichen Organisationsformen vollzogen. Die bedeutendste und bereits nach kurzer Zeit instrumentalisierte Organisation war die Hitlerjugend, welche u.a. mit einem dafür 1936 erlassenen eigenem Gesetz legitimiert wurde die gesamte jugendliche Bevölkerung Deutschlands zu vereinen und für diese einen Erziehungsauftrag erhielt. (vgl. ebd., S. 62 ff.)

Aufgrund der vielfältigen Umwälzungen, welche sich aufgrund der gesamtgesellschaftlichen Lebenssituationen nach dem 2. Weltkrieg zwangsläufig ergeben mussten, stand auch die Jugendhilfe vor noch größeren Problemen als bereits nach dem 1. Weltkrieg (ebd., S. 71 ff). Insofern musste zunächst ein Wiederaufbau, auch durch gesetzgeberische Komponenten eingeleitet werden. Die dahingehend wichtigsten Meilensteine in der Bundesrepublik Deutschland sind zum einen die Schaffung des Bundesjugendplans um 1950 sowie seiner Entsprechungen durch die Landesjugendpläne (ebd., S. 72). Sowie auch die Novellierungen des RJWG zunächst 1953, später dann 1961 und 1970 wobei zu diesem Zeitpunkt auch die Umbenennung in Jugendwohlfahrtsgesetz stattfand (vgl. ebd., S. 75 ff.). Die als in den Novellierungen enthaltenen wichtigsten Errungenschaften für die heutige KJH sind u.a. die Wiedereinführung von gesetzlichen Pflichtaufgaben für die Jugendämter, die Verankerung des Subsidiaritätsprinzips und auch das wiederum die Zuständigkeit zum Jugendamt für die Gewährung vom Lebensunterhalt bei Unterbringung außerhalb des elterlichen Familie gelegt wurde. Gleichzeitig fand ebenso eine Weiter- und Neuentwicklung der Jugendhilfe in der DDR statt, welche sich jedoch an anderen Prinzipien orientierte und primär den fürsorgerechtlichen Bereich abdeckte (vgl. ebd., S. 77 ff.). Als klarer gegenläufig verstanden und gesetzlich umgesetzter Punkt kann hierbei auch die Heimunterbringung genannt werden. So sah die DDR die Heimunterbringung als Erziehungsaufgabe des Staates an und setzte dies auch konsequent in sog. Jugendwerkhöfen um. In der Bundesrepublik dagegen wurde mit fortschreitender Dauer auch die Freiwillige Erziehungshilfe implementiert und daraus folgend auch neue Ansätze der ambulanten und stationären Hilfen in diesem Bereich entwickelt.

Kurz nach der Wiedervereinigung der beiden deutschen Staaten trat mit Beginn des Jahres 1991 das SGB VIII in Kraft und löste das KJHG mit seinen nun einheitlichen Regelungen für das gesamte Bundesgebiet ab. Es enthält verbindliche Regelungen zu Aufgaben und Zielen der KJH sowie trifft grundlegende Aussagen zu Finanzierung und Struktur. Kernpunkte dieses einheitliches Gesetzes sind u.a. Verbesserungen von Angeboten für die Erziehung und der Angebote in besonderen Lebenssituationen für Familien, die gesetzliche Verankerung ambulanter und teilstationärer Hilfen wie die Zuordnung und primäre Einbindung seelisch behinderter Kinder und Jugendlicher in die Jugendhilfe (vgl. Jordan u.a., 2015, S. 83) Auch dieses SGB VIII ist seitdem vielfach novelliert und fortgeschrieben wurden und erhält kontinuierlich eine Weiterentwicklung durch den entstehenden Bedarf und dazu notwendige Anpassungen der gesetzlichen Lage, insbesondere durch Aspekte des Kinderschutzes. So wurde 2005 ein Schutzauftrag bei der Gefährdung des Kindeswohls eingefügt und führte im Nachgang bis hin zur Einführung eines eigenen Bundeskinderschutzgesetzes (ebd., 2015, S. 87 ff.). Insbesondere der Begriff des Wächteramtes, welcher durch die Einführung des § 8a SGB VIII normiert worden ist, wurde in diesem Zusammenhang auch für die Allgemeinheit geprägt. Dieser schließt inhaltlich an den Auftrag des Artikels 6 Abs. 2 des Grundgesetzes (GG) an und konkretisiert für das Jugendamt den Auftrag des Schutzes von Kindern und Jugendlichen vor Schaden und die Verpflichtung einzugreifen, sofern dieser droht. So wurde an dieser Stelle auch mit dem Absatz 2 die drastischste Interventionsmöglichkeit der Inobhutnahme mit dem neu gestalteten § 42 des SGB VIII durch das Jugendamt als Verpflichtung eingeführt. Weiterhin feste Verfahrensschritte für die öffentliche Jugendhilfe die, genau wie die Zusammenarbeit mit anderen Stellen der Verteilung der Verantwortung auf mehrere Schultern bzw. der Zuständigkeitsabgrenzung dienen sollen. Sowie schlussendlich sich daraus ableitend die nicht zu unterschätzende Garantenhaftung, die sich für die Mitarbeiter in der öffentlichen KJH ergibt und die auch noch einmal im Kapitel 4 bei der Betrachtung der Paradoxien in den Blick genommen werden soll.

3.2 Ein breites Betätigungsfeld

So ist auch noch heute, das, was Kinder- und Jugendhilfe in Deutschland gesetzlich umfasst, im vorgenannten SGB VIII normiert und bildet somit die rechtlich verbindliche Arbeitsgrundlage für alle Akteure in diesem Tätigkeitsfeld. Das Aufgabenspektrum ist dabei sehr weit gefächert. Es seien an dieser Stelle schwerpunktmäßig die Kindertagesbetreuung, über Kinder- und Jugendarbeit hin zu Erziehungsberatung/Erziehungshilfen, der Kinderschutz an sich sowie die Mitwirkung in familiengerichtlichen Verfahren aber auch die Inobhutnahmen in Krisensituationen (BFSFJ, 2014, S. 12-15) benannt. Hierbei wird unterschieden, ob diese Aufgaben in Verantwortung der freien oder der öffentlichen Träger der KJH erbracht werden. Auch diese Trägerpluralität, welche durchaus gewollt ist und deren Wurzeln bereits in der historischen Entwicklung aufgezeigt wurden, findet seine gesetzliche Entsprechung im SGB VIII neben den ebenfalls dort verankerten Grundsätzen der Zusammenarbeit und des Wahlrechts von den diese Hilfestellungen in Anspruch nehmenden Personen (ebd., 2014, S. 50). Explizit regelt der § 4 des SGB VIII „...die Verpflichtung zur Zusammenarbeit der öffentlichen mit der freien Jugendhilfe..." (ebd.,2014, S. 383). Dabei wird die doch sehr stark ausgeprägte Stellung der freien Träger betont, indem mit einer gesetzlichen Grundlage die finanzielle Förderung durch die öffentliche Jugendhilfe normiert, ihr Vorrang vor dieser festgeschrieben sowie auch die partnerschaftliche Zusammenarbeit und deren Beteiligung an wichtigen kommunalen Entscheidungen legitimiert worden ist. Als freie Träger sind hierbei insbesondere Jugend- und Wohlfahrtsverbände, verschiedene Trägerzusammenschlüsse, Kirchen- und Religionsgesellschaften sowie Vereine und diverse Selbsthilfegruppen genannt (ebd., 2014, S. 383). Als Träger der öffentlichen Jugendhilfe sind die Landesjugendämter als Fachaufsicht und die Jugendämter der Kommunen an sich gemeint. Dabei sind die Jugendämter auf kommunaler Ebene die Anlaufpunkte für die Jugendlichen und Ihren Familien als Klienten einerseits sowie gleichzeitig Leistungsträger und Kontrollbehörde auf der anderen Seite. Die Verpflichtung ein Jugendamt einzurichten ist wiederum ebenfalls im SGB VIII, hier dem § 69 geregelt. Mit dem hier genannten Verhältnis von öffentlichen und freien Träger der KJH wird mit dem Auftauchen des Klienten bzw. der Voraussetzungen für ein Eingreifen der KJH ein sozialrechtliches Spannungsverhältnis eröffnet. Aufgrund der bereits genannten Trägerpluralität und Finanzierung freier Träger durch die öffentliche KJH kommt es hierbei vermehrt zu einem wie in der Abbildung 2 aufgezeigtem Dreiecksverhältnis, welches von der üblichen Form einer Leistungserbringung durch eine öffentlich legitimierte Sozialleistungsbehörde des Staates abweicht.

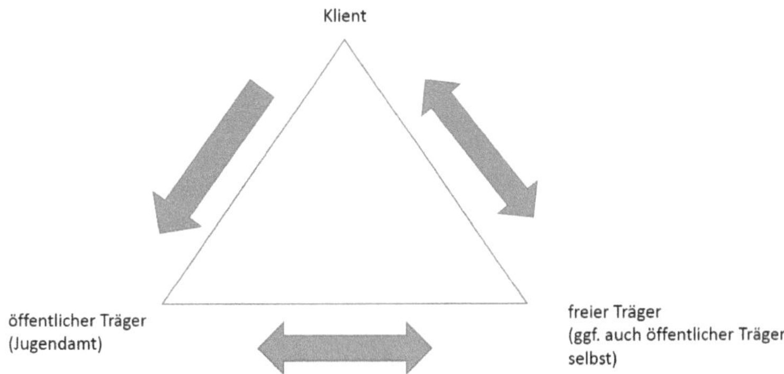

Abbildung 2: Eigene Darstellung

So hat der Klient selbst, also entweder der Jugendliche oder die Erziehungsberechtigten, einen rechtlich durchsetzbaren Anspruch gegen den öffentlichen Träger, wenn die entsprechenden Voraussetzungen des SGB VIII vorliegen (vgl. Münder, 2011, S. 1273). Es besteht also eine einseitige Anspruchs- bzw. Forderungshaltung gegenüber dem Jugendamt. Die daraus entstehende Aufgabe, zum Beispiel Hilfen zur Erziehung zu erbringen kann der öffentliche Träger nach den Bestimmungen des SGB VIII entweder selbst erbringen oder sich dazu eines Freien Trägers bedienen. Der Leistungserbringer, also der öffentlichen Träger, geht dazu eine wechselseitige Beziehung mit dem freien Träger ein. Seitens des Leistungsträgers wird der Auftrag erteilt und mit finanziellen Ressourcen untersetzt ausgelöst, dabei werden Anforderungen an Qualität und zu erbringende Leistungen gestellt. Diese wiederum müssen vom dann tatsächlichen Leistungserbringer, dem freien Träger mittels einer Vereinbarung oder eines Vertrages mit dem Klienten festgelegt werden und dem Leistungsträger wiederum gerechtfertigt und/oder nachgewiesen werden. An dieser kurzen Darstellung wird bereits deutlich, dass aufgrund dieses auf einem Dreiecksverhältnis beruhenden Arbeitsfeldes sich einerseits vielfältige Arbeits- und Einsatzmöglichkeiten für die Beschäftigten ergeben. Andererseits jedoch auch durch unterschiedliche Erwartungshaltungen zusätzliche Spannungsfelder eröffnet werden. Innerhalb und mit dieser Arbeit soll eine Betrachtung der professionell innerhalb der öffentlichen Jugendhilfe Beschäftigten im Hinblick auf deren erfolgen. Dies wiederum da „...die Einzelhilfen vom örtlichen Jugendamt wahrgenommen werden..." (Jordan u.a., 2012, S. 302) und somit hierzu standardisierter

Betrachtungen möglich sein sollten als in der hinsichtlich Aufgabenerteilung und deren Finanzierung vom Jugendamt abhängigen freien Trägerlandschaft. Da die politischen Interessensvertreter in den Gremien ihren Einfluss in Gesetzgebung und auch Finanzierung geltend machen können, lassen sich daraus auch nachvollziehbar die konkreten Erwartungshaltungen und deren Wandelbarkeit ableiten.

3.3 Gesellschaftliche Erwartungshaltungen

Verallgemeinert ausgedrückt wird von der Gesellschaft der Auftrag an die institutionalisierte KJH mittlerweile mit der Hauptaufgabe des Kinderschutzes bzw. des Eingreifens bei Kindeswohlgefährdung formuliert und definiert. So wird vorausgesetzt „….dass das Jugendamt einerseits das Kind möglichst umfassend schützt, andererseits in die Erziehungsaufgaben der Eltern nur dann und soweit eingreift, wenn beziehungsweise wie es zur Abwendung der Gefährdung notwendig ist." (Wiesner, 2007, S. 142). Somit ist ein klarer Schutzauftrag und die Erwartung dies umzusetzen bei gleichzeitiger Intervention formuliert. Jedoch nur, wenn dies notwendig wird und auch nur soweit es gerechtfertigt erscheint. So wird bereits für das Arbeitsfeld der Professionellen ein Konflikt zwischen Prävention, Intervention und Stärkung der elterlichen Kompetenz geschaffen. Doch ist Kinder- und Jugendhilfe viel mehr als nur für den Kinderschutz zuständig zu begreifen. Ihr Aufgabenfeld findet sich im § 1 Abs. 1 des SGB VIII und bezieht sich darauf, dass jeder junge Mensch ein Recht auf Förderung seiner Entwicklung hat und ihm die Erziehung zu einer eigenverantwortlichen und gemeinschaftsfähigen Persönlichkeit zuteilwerden sollte. Damit ist eine Kernaufgabe der KJH in der Unterstützungsleistung für Eltern als Erziehungsberechtigte bzw. der Unterstützung der jungen Menschen und Befähigung zu Eigenverantwortung zu sehen. Wobei erforderliche Maßnahmen einzuleiten sind, sobald die Entwicklung des Kindes oder Jugendlichen gefährdet erscheint.

Damit die aktuelle Lebenssituation von Kindern und Jugendlichen stets von Gesellschaft und Politik anhand von ausgewählten Schwerpunkten und der Schilderung von Rahmenbedingungen und gewandelten Bedürfnissen nachgezeichnet werden kann, wird in jeder Legislaturperiode der Bundesregierung gesetzlich vorgeschrieben ein Kinder- und Jugendbericht erarbeitet. Dieser kann in der aktuellen Fassung der mittlerweile 15. Auflage von 2017 die Grundlage für die Schilderung von Kernpunkten der aktuellen gesellschaftlichen Erwartungshaltung an die Akteure der öffentlichen KJH bilden. So werden in diesem die primären Herausforderungen der Jugendphase „mit drei Begriffen: Qualifizierung, Selbstpositionierung und Verselbstständigung." (BFSFJ, 2017, S. 6) benannt, aus denen sich die grundlegenden Erwartungen an den Unterstützungsbedarf der öffentlichen Jugendhilfe ableiten. So heißt es dort weiter, dass diese genannten Herausforderungen geeignet erscheinen „...um die Maßnahmen des Bundes und die der Kinder- und Jugendhilfe systematisch in Beziehung zu setzen zu den Interessen und Bedürfnissen der Jugend selbst." (ebd., 2017, S. 6). Der gesellschaftliche Wandel hat jedoch auch die Jugendphase und die Bedarfslage der Kinder und Jugendlichen erheblich verändert. So sind der demografische Wandel an sich (vgl. ebd., S. 82 ff.) und auch der Bruch weg von der Familie als nicht mehr alleinig und primär verstandene Sozialisationsinstanz bereits seit mehreren Jahren Begleiterscheinungen der Ausrichtungen und daraus resultierenden Erwartungshaltungen an die KJH. Und dies mit Blick auf die Wahrnehmung, dass sich der Übergang vom Jugend- ins Erwachsenenalter verschiebt und verschoben hat. Dass auch weiterhin die gesellschaftlichen Strukturen in Deutschland durch soziale Ungleichheiten geprägt und teilweise im selben Maß reproduziert werden. (vgl. ebd., 2017, S. 70 ff.) Auch die eigentliche Kinder- und Jugendarbeit der §§ 12-13 des SGB VIII hat sich spürbar verändert. Mittlerweile hat die Schule mit seinen ebenfalls gewollt politisch ausgebauten Strukturen hin zu Ganztagsangeboten auch als Sozialisationsinstanz (vgl. ebd., 2017, S. 366) eine weitaus größere Rolle eingenommen als noch vor Jahrzehnten. Jedoch wird im vorliegenden Bericht konstatiert, dass es diesem Ganztagsangebot offensichtlich noch an einem umfassenden Konzept fehlt, welches Interessen und Bedarfe der Jugendlichen gleichermaßen berücksichtigt. Hier sei auch die KJH gefordert ihren Beitrag zur Förderung der jungen Menschen zu erfüllen (vgl. ebd., 2017, S. 72). Aber auch die im aktuellen Kinder- und Jugendbericht angesprochene Durchdringung der Digitalisierung von Lebenswelten (ebd., 2017, S.273 ff.) trägt ein Übriges dazu bei die Drucksituation innerhalb der KJH spürbar zu erhöhen. Digitale Medien spielen im Leben der Heranwachsenden eine große Rolle, da dies von ihnen als normal und dazugehörend empfunden wird. Auch werden dadurch die Bildungs- und Partizipationsoptionen für die Jugendlichen spürbar erweitert. Während andererseits die Sozialisationsinstanzen sich bei dieser Entwicklung stets in einer Nachholposition befinden. Kann in etwa Qualifizierung und Verselbstständigung durchaus mit einer medialen Unterstützung als partizipative Komponente unterstützt werden, muss diese in die Kinder- und Jugendhilfe erst integriert werden (vgl. Steiner und Goldoni, 2013, S. 10). Als weitere Kernpunkte sind hier auch das Ringen um Freiräume wie auch die grundsätzliche Teilhabe am gesellschaftlichen Leben der Jugendlichen zu nennen. Zusammenfassend lässt sich festhalten, dass grundsätzlich eine

Weiterentwicklung der bestehenden Strukturen erfolgen sollte, auch um der Überdimensionierung der Schule als einzige Bildungsinstanz zu begegnen und diese gezielt zu unterstützen. Da anderseits die Entgrenzungstendenzen immer umfassender werden, die einzelnen Lebensphasen und damit auch deren Hilfesysteme immer mehr ineinander übergehen (vgl. ebd., 2017, S86 ff.) sollten diese Prozesse auch als Chance zur Veränderung der Kinder- und Jugendhilfe begriffen werden. Es bleibt an dieser Stelle aufgrund des vorliegenden Berichtes festzuhalten, dass sich die Erwartungshaltungen der Gesellschaft an die KJH sehr heterogen darstellen und nicht frei von Widersprüchlichkeiten in einer tatsächlichen Realisierungsfrage sind. Jedoch soll dies nur verdeutlichen, welch hoher Drucksituation die Professionellen sich ausgesetzt sehen und dass dies ohne strukturelle Veränderungen schier unmöglich erscheint, diese stets zu erfüllen. Zu ändernde Strukturen und Voraussetzungen für die KJH bedeuten jedoch in erster Linie zumeist ansteigende Kosten, um sich den neuen Handlungsfeldern zu öffnen. Wenn in diesem Zusammenhang dann auch die bereits in der Einleitung erwähnte Kostenexpansion aufgrund der vielfältigeren Inanspruchnahme von Hilfeleistungen bzw. der Realisierung von Schutzaufträgen hinzunimmt, wird das Spannungsfeld zwischen Leistungsfinanzierung und den erzielten Ergebnissen deutlich. So kann dies durchaus als komplex und für weite Bevölkerungsteile nicht transparent genug eingeschätzt werden, was aus den zahlreich aufgeführten Erwartungshaltungen einerseits und andererseits der für die Gesellschaft schwer nachvollziehbaren Kostenstruktur der einzelnen Hilfeangebote resultiert. So stellt sich die Kinder- und Jugendhilfe sehr heterogen in ihrer Außenwirkung dar. Dies ist u.a. der Tatsache geschuldet, dass die Klienten oder Leistungsempfänger eine Dienstleistung des Staates in Anspruch nehmen, für die sie selbst nicht zahlen und welche aus öffentlichen Geldern der Allgemeinheit gegenfinanziert wird. Die Gesellschaft wiederum fordert durch ihre politischen Vertreter in den kommunalen Legitimationsgremien klare Nachweise zum Nutzen der eingesetzten Mittel und dem Erfolg der eingesetzten Leistung. Somit steht die Kinder- und Jugendhilfe an dieser Stelle stets vor der Herausforderung, die Qualität ihrer Arbeit sowie die mit ihr verbundenen Kosten transparent zu gestalten und dadurch zu legitimieren. Dies beeinflusst unmittelbar die finanziellen Voraussetzungen und steckt den Rahmen ab, welcher für die Professionellen seitens der kommunalen Träger bereitet wird. Dies wird häufig unter dem Begriff der Hinwendung zu einer Wirkungsorientierung (vgl. Jordan u.a., 2105, S. 380) aufbereitet.

3.4 Rahmenbedingungen und Anforderungen der Akteure

Wie sich seitens der Trägerschaft durch die Kommune die Rahmenbedingungen für die öffentliche KJH ausgestalten, ist in § 79 Absatz 3 SGB VIII aufgeführt. Demnach hat die Kommune für ausreichende Ausstattung zu sorgen, was den ausreichend personellen Einsatz von Fachkräften beinhaltet. Das Ziel dessen ist eine hohe Arbeitsqualität und Professionalität bei den immer differenzierter zu erfüllenden Aufgaben und teils diffusen Problemlagen in der KJH zu erreichen. Dabei spielt natürlich ebenso der Effizienzgedanke mit hinein, da tatsächlich zu erlangende Erfolge bei den zu gewährenden Hilfe eher bei fachlich hoher Arbeitsgüte angenommen werden kann. Eine hohe Qualität innerhalb der Leistungsprozesse und bei den zu erzielenden Ergebnissen wiederum suggeriert einen kostenoptimalen Einsatz der finanziellen Ressourcen. Und somit ein erklärtes Ziel der Kommunen angesichts der meist knappen Finanzlagen darstellt. Denn „Kinder- und Jugendhilfe befindet sich permanent in einem Modernisierungs- und Entwicklungsprozess,…" (Jordan u.a., 2013, S. 364). So müssen die Problemsituationen sach- und fachgerecht unter Berücksichtigung der finanziellen Zwänge betrachtet und in ihnen interveniert werden. Somit liegt ein ressourcenorientierter Ansatz bei den

Das aus eben dieser sach- und fachgerechten Handlungslogik erwachsende und sogenannte Fachkräftegebot selbst ist im § 72 des SGB VIII normiert. Es soll sicherstellen, dass hauptamtlich nur fachlich geeignete und auch ihrer Persönlichkeit nach dafür prädestinierte Personen in der Jugendhilfe eingesetzt werden. Nicht von der Prüfung ihrer fachlichen Eignung berührt sind demnach ehrenamtlich Beschäftigte, diese sollen bei der Betrachtung des professionellen Handelns vorliegend auch keine Rolle spielen. Was jedoch genau mit Fachkräften gemeint ist, wird im SGB VIII selbst nicht definiert. Im Regelfall werden als Fachkräfte der KJH Personen mit einer pädagogisch einschlägigen Ausbildung verbunden mit einer sozialen Ausrichtung verstanden. Aufgrund des Föderalismusprinzips in Deutschland sind an dieser Stelle die einzelnen Bundesländer gefordert dies für die kommunalen Träger in ihrer Zuständigkeit zu regeln. So ist dies am Beispiel von Sachsen für die hier betrachteten Tätigkeiten in der Kinder- und Jugendhilfe im § 1 der Sächsischen Qualifikations- und Fortbildungsverordnung pädagogischer Fachkräfte (SächsQualiVO) geregelt. Demnach sind die beruflichen Zugänge und Einsatzfelder entsprechend weit gefächert und reichen von rein schulischen Assistenten- und Erzieherausbildungen bis hin zu den mit verschiedenen Schwerpunktsetzungen erreichbaren Studienabschlüssen. Es werden vorwiegend Sozialarbeiter, Sozialpädagogen, Erzieher, Psychologen und Personal mit spezielleren pädagogischen Ausrichtungen innerhalb der KJH beschäftigt. Die Akademisierung der Sozialen Arbeit und damit auch die Veränderung der beruflichen Zugangsvoraussetzungen wurden bereits im zweiten Kapitel beschrieben. Auch die freien Träger werden im Regelfall vertraglich im Rahmen der Zulassung einer Betriebserlaubnis von den Jugendämtern verpflichtet dieses Fachkräftegebot ebenso umzusetzen. Die gesetzliche Grundlage dafür findet sich in § 45 Abs. 3 SGB VIII. Zur persönlichen Eignung bzw. dem Ausschlusses bestimmter Personen von Tätigkeiten im hier genannten Handlungsfeld wird im § 72a des SGB VIII das sog. harte Gebot eines reinen Führungszeugnisses definiert. Auch zu dieser Einhaltung sind die freien Träger ebenso im Sinne dieses Gesetzes verpflichtet. Weitere persönliche Kompetenzen und Eignungen werden im Gesetz nicht gefordert und sind auch nicht Bestandteil einer etwaigen Prüfung der Studienzugangsvoraussetzungen. Hier werden jedoch Sozialkompetenzen gefordert, welche ein gesundes Menschenbild sowie Verantwortungsbewusstsein einschließen. Dies wiederum ist ebenso unabdingbar bei der Entwicklung des notwendigen beruflichen Habitus (siehe Kapitel 2.3) und sollte demnach nicht vernachlässigt werden.

Die Anforderungen, welche sich an die Fachkräfte der Sozialen Arbeit ergeben, werden als eigenständige elementare Studienbereiche im Curriculum der Sozialen Arbeit mit der Abbildung 3 verdeutlicht.

Abbildung 3: Studieninhalte der Sozialen Arbeit

So werden in diesen miteinander verwobenen Studienbereichen allgemeingültig Theorien, Problemfelder und Diskursinhalte formuliert. Diese sollen den Studierenden erlauben eine eigene Konstruktion der Sozialen Arbeit unter Beachtung der wissenschaftlichen Zugänge und Grundhaltungen vorzunehmen. Dies führt dazu, dass Fachkräfte der Sozialen Arbeit eben gerade nicht standardisiert ausgebildet und in die einzelnen Berufsfelder entlassen werden. In Verbindung mit dem Anstieg der Inanspruchnahme von Leistungen und dem vorgenannten Wandel der Bedürfnisse für die Kommunen als Finanzierungs- und Verantwortungsträger der öffentlichen Jugendhilfe führt dies zu vielfältigen und komplexen Problemsituationen bei der Gewinnung von Fachkräften. So hat insbesondere der Druck angesichts der höheren Inanspruchnahmen von Jugendhilfeleistungen im Allgemeinen wie auch im Speziellen u.a. durch den fluchtbedingten Zugang von unbegleiteten minderjährigen Ausländern hat zwar die Arbeitsmarktsituation für die Fachkräfte stark verbessert (vgl. Burghard, 2016). Jedoch wurde damit auch der Druck und die Schwierigkeit für die Träger fachlich geeignetes Personal zu finden extrem erhöht. Nicht zu vernachlässigen ist hierbei die bestehende Gefahr einer kommenden Deprofessionalisierung, wenn wiederum Aufgaben aufgrund der vorgenannten Tatsachen an nicht professionell ausgebildetes Fachpersonal, zum Beispiel Verwaltungsmitarbeiter in den Jugendämtern, verlagert werden. Daher soll nachfolgend das Professionsvermögen der Sozialarbeiter angesichts der Bedarfs- und Anforderungslagen innerhalb ihrer zur Verfügung stehenden Handlungsmöglichkeiten betrachtet werden.

4 Professionsvermögen anhand von Paradoxien in der KJH

Um den geänderten Bedarfs- und Erwartungslagen gerecht werden zu können, ist es wichtig, bereits im Studium spezielle Kompetenzmuster für die Aufgabenbewältigung zu vermitteln. Welche in ihrer Gesamtheit dazu beitragen sollen, einen speziellen beruflichen Habitus zu ermöglichen. Denn die komplexen Hilfebedarfe fordern vom Professionellen in der KJH die Kompetenz zur „...Multiperspektivität und zur eigenen bzw. konzeptionellen Entwicklungsfähigkeit." (Jordan u.a., 2015, S. 434). Derartige reflexive methodische Handlungsfähigkeit benötigt demnach einen geänderten Zugriff auf Kompetenzen, welche die Beschäftigten in die Lage versetzen soll das gesamte Gefüge der Problemlage ihrer Klienten wahrzunehmen, zu analysieren und zu bearbeiten. Die Orientierung am Alltag der Klienten im Zusammenspiel mit der konkret vorgefundenen Situation steht hierbei vordergründig der wenig planbaren und sich daher umso mehr auf methodische Handlungslehre zurückziehenden Lösungskompetenz gegenüber. Notwendigerweise werden dafür Paradoxien eingegangen bzw. offen gelegt, die das methodische Handeln prägen und somit für das Gleichgewicht zwischen individueller Betrachtung des Falles und Einbettung in einen größeren wissenschaftlichen Rahmen wichtig sind (vgl. ebd., 2015, S. 436). Insofern wird der Lebensweltorientierung umso mehr ein größerer Raum in der sozialpädagogischen Arbeit eingeräumt, was dazu führt adäquate Kompetenzformen für theoretisch fundierte Lösungsstrategien vermitteln zu müssen.

Sofern man nun diese Handlungsanforderungen als zentrale Komponenten wie in Abbildung 4 aufzeigt, stehen die Grundlagen der Handlungskompetenz selbst in wechselhafter Wirkung mit den Kompetenzformen, welche dann das notwendige professionelle Handeln an sich formen. So werden die Bausteine der Grundlagen mit Wissen, Können und der beruflichen Haltungen benannt und ermöglichen in ihrem Zusammenspiel den Handlungsanforderungen gerecht zu werden.

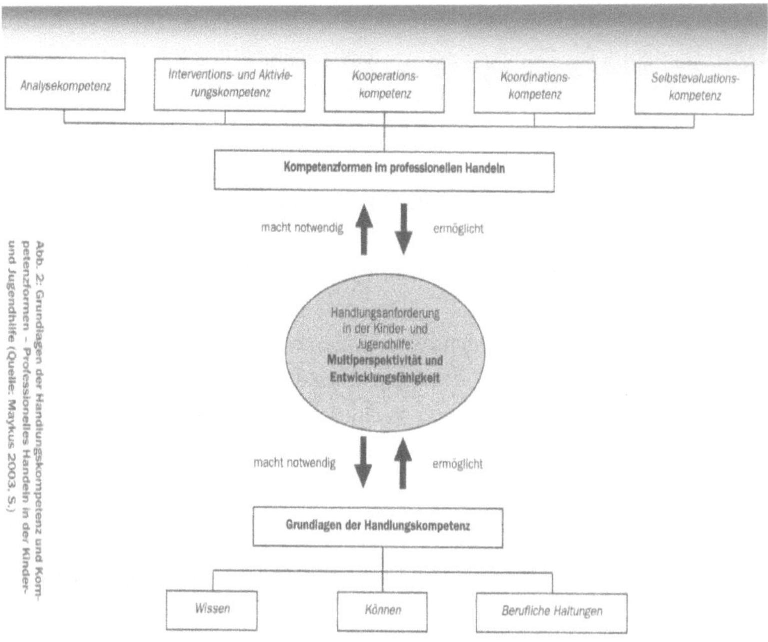

Abbildung 4: Grundlagen der Handlungskompetenz und Kompetenzformen

Wie auch wiederum diese Bausteine erst notwendig zu machen und stetig für ein professionelles Selbstverständnis weiter zu entwickeln. Es muss zunächst das notwendige Fachwissen für das Erkennen der Problemlagen und Einordnen in theoretische Problemstrukturen bzw. als Grundlage der Handlungskompetenz vorliegen. Nur dadurch kann überhaupt erst eine situative Komponente zum Tragen kommen, welche dann Auslöser und Initiator für den Baustein des Könnens ist. Diese „...personale Dimension des sozialpädagogischen Könnens." (ebd., 2015, S. 438) bildet mit dem vorhandenen Wissen des Professionellen die Fähigkeit nun situationsgerecht agieren zu können und stellen die eigentliche Grundhaltung für die Gestaltung der Hilfe in diesem Kontext dar. Für die Aneignung und Reflexion dieser Handlungsabläufe wird die berufliche Haltung des Handelnden essenziell. Mit dieser Perspektive und Haltung sich selbst, seinem Handeln und den Klienten gegenüber wird der methodische Zusammenhang hergestellt und legitimiert. Insofern kristallisieren sich aufgrund dieser Basis im Zusammenspiel konkretere Kompetenzformen heraus, die unmittelbar anschließen. Wie Jordan u.a. ausführen, „...spielen Kooperation und Vernetzung seit jeher eine wichtige Rolle und sind Teil ihres professionellen Selbstverständnisses." (ebd., 2015, S. 89), daher wird die Kooperationskompetenz auch als Kompetenzform mit dem zugrundeliegenden Vernetzungsgedanken benannt. Die Fähigkeit zur Analyse, welche sich größtenteils aus dem Baustein des Wissens speist, trägt insbesondere mit der Fähigkeit zur reflexiven Begleitung des eigenen Tuns dazu bei, das daraus resultierende Handeln als professionell im Vergleich zu einer Alltagshandlung erscheinen zu lassen (ebd., 2015, S. 439 ff.). Reflexivität bzw. die Kompetenz zur Selbstevaluation trägt dann zur Verfeinerung und Entwicklung der professionellen Handlung bei. Auch die Koordinationskompetenz ermöglicht erst die Handlungsform der Multiperspektivität, da mit ihr eine Wichtung der einzelnen Problemfelder und Handlungsstränge stattfindet. Gleichzeitig wird damit ein strukturiertes Vorgehen einerseits notwendig und ermöglicht es sogleich auch erst. Daraus folgend wird die hier bezeichnete Interventions- und Aktivierungskompetenz in einer adäquaten Form den Hilfeprozess zu gestalten ermöglicht. Die Befähigung eben multiperspektivisch handeln zu können ist also durch die besondere Form zur Befähigung der Zerlegung des Klientenproblemes in einzelne Bestandteile und ihre analytische Einordung in wissenschaftliche Zusammenhänge geprägt. So dass wiederum aufgrund der Kenntnis um Hilfestrukturen in diesem Kontext und Einordnung der Hilfebedarfe im Einzelnen die angemessene Interventionsstrategie vom professionellen ausgewählt werden kann (vgl. ebd., 2015. S.441). Die methodische Kompetenz selbst kann damit als Verbindung zwischen theoretischen Wissen zum komplexen Verstehen des Falles mit der Kompetenz zur Bewältigung der Aufgabe in der Berufspraxis verstanden werden. Die Praxis selbst birgt dann jedoch bei der Analyse und Bewältigung von Lebenskrisen der Betroffenen Spannungsfelder und Paradoxien, die notwendigerweise zur Entwicklung und Schärfung des professionellen Handelns beitragen und daher eingehender betrachtet werden sollen. Auch liegen „...zudem auch nur schwache Ansätze zur automatischen (d.h. nicht mittels Fallbesprechung oder gar Supervision besonders organisierten) professionellen Selbstkontrolle...“(ebd., 1992, S. 146) vor. Dies erschwert die Herausbildung eines einheitlichen Professionsverständnisses und trägt zu heterogenen Handlungsweisen innerhalb der KJH bei.

Um Schützes Überlegungen an die von ihm formulierten „... Paradoxien professionellen Handelns...“ (ebd., 1992, S. 137) aufzugreifen und deren Vorkommen innerhalb der Kinder- und Jugendhilfe mit der Rahmung von Erwartungshaltungen bzw. den sie umgebenden Bedingungen einzuordnen, werden nachfolgend exemplarisch einige dieser Spannungsfelder aufgeführt. Auch wenn diese vorliegend separat und damit differenziert betrachtet werden, so sind teilweise die Übergänge in der eigentlichen Praxis der Fallbearbeitung doch verschwimmend. Die Reihenfolge der nun aufgeführten Paradoxien erfolgt wie Schütze (vgl. ebd., 2000, S. 79) angeführt, nicht willkürlich oder als abschließend anzusehen. Zwangsläufig fügen sich die Paradoxien aufgrund der prozesshaften Strukturierung partiell in einzelne Abschnitte, die sich über die jeweilige professionelle Handlung hin zu einer komplexen Handlung erstreckt.

4.1 Typisierung von Fällen und deren Situierung

Um nun die allgemeine Typisierung von Schütze aufzugreifen und sich der speziell professionellen Handlung der Sozialarbeiter zuzuwenden, meint dieser damit ein Orientierungsparadox aufgrund des Einordnens des Falles in „…relativ abgegrenzten, höhersymbolischen Sinnbezirken…" (Schütze, 1992, S. 147). Diese Zuordnung soll demnach aufgrund des theoretischen Wissens innerhalb bestimmter Kategorien erfolgen. So den Fall des Klienten auf eine standardisierbare Ebene heben soll und damit eine Lösung dessen von der tatsächlichen Individuallage sowie Möglichkeit zur Interpretation in größeren Zusammenhängen erlaubt. Eine Typisierung nach allgemeinen Schemata und Kategorien fehlerfrei vorzunehmen, bedeutet insofern auch das Erkennen der Fallmerkmale in ihrer Gesamtheit sowie deren Zuordnung zu den als richtig anzusehenden Theorien für genau diese Fallmerkmale. Dies kann und muss auch aufgrund des persönlichen Habitus, welcher wie dies in Kapitel 2.3 beschrieben ist, erfolgen. Dazu ist es unweigerlich notwendig ein enorm breites Fachwissen anzuhäufen und hier wird der Bezug zur Studienausrichtung und dem dort zu vermittelnden Know-how und der Ausprägung von persönlichen Merkmalen hergestellt. Es sind bestenfalls während des Studiums genügend allgemeine fachliche Wissenstatbestände zu vermitteln, die eine Einordnung verschiedener spezifischer Problemlagen ermöglichen und somit später seitens der Professionellen vorhanden sind. So sind denn die Wissenstatbestände und Prozessabbildungen nach Schütze „…mit den problematischen Projekten und Fällen im Gegenstands- und Handlungsbereich der Profession…"(ebd., 1991, S. 147) verknüpft. Und somit können die persönlichen Einstellungsmerkmale des Professionellen selbst auch den Zugang und die Anwendung bestimmter Theorien fördern oder vermindern. Erschwerend kommt im Gegensatz zu anderen Professionen hinzu (vgl. ebd., 1992, S. 146ff.), dass bei der Sozialarbeit noch mehr Schwierigkeiten beim Erkennen der konkreten Fallsituation aufgrund der doch sehr heterogenen höhersymbolischen Sinnwelten vorliegen können. Für die KJH spielt hierbei bereits auch die mit der neuen Studienausrichtung begonnene Debatte um Generalisierung oder Spezialisierung der Beschäftigten eine gewichtige Rolle, welche sich in der hier vorliegenden Typisierungsparadoxie niederschlägt. Wie bereits in den vorherigen Kapiteln dazu erläutert worden ist, kann sich das Tätigkeitsfeld der Sozialen Arbeit über nahezu alle Lebensbereiche erstrecken und deckt auch innerhalb der Kinder- und Jugendhilfe eine große Bandbreite an komplexen Problemlagen und Unterstützungsbedarfen ab. Der somit auftretende Widerspruch von einer vermeintlichen Allzuständigkeit der Professionellen wird bereits hier, beim Zugang zum Berufsfeld offenbart und spielt so auch bereits bei der Diskussion um die Ausrichtung der Studiengänge eine größere Rolle (vgl. Jordan u.a., 2015, S. 461). Deutlich wird, dass stets noch die generalistische Studienausrichtung bevorzugt wird und eine spezialisierte Profilbildung meist lediglich im Praxisteil des Studiums erfolgt. Wichtig ist hierbei zu vermitteln, dass die Gefährdung durch eine zu stark eingrenzende Spezialisierung in der KJH in diesem Zusammenhang größer erscheint, als eine allgemeine Breite an theoretischen Wissen der Sozialen Arbeit zu vermitteln. Auch wenn keine Fachkraft daraufhin in die Lage versetzt wird, alle Theorien und Zugänge zu beherrschen. Auch lässt sich daraus noch nicht schlussfolgern, dass dann tatsächlich in jedem Fall eine Zuständigkeit des Professionellen gegeben ist, nur weil die Problemlage identifiziert werden kann. Eher so, dass durch die eine richtige Analyse der Problemlage auch die anderen Kompetenzen in diesem Zusammenhang zum Tragen kommen können und beispielsweise die Kooperationskompetenz des Professionellen den oder die Klienten in das richtige Hilfesystem vermitteln kann. Insofern ist eine erhöhte Sorgfalt der Professionellen bei der Analyse des Falles und Zerlegung in seine Problembestandteile erforderlich, welches wiederum einen gewissen Zeitfaktor neben dem vorgenannten Wissens bedingt. Schütze (ebd., 1992, S. 148 ff.) beschreibt die Auswirkungen, wenn dies seitens des Professionellen nicht gewährleistet werden kann auch. Demzufolge können als typische Typisierungsfehler eine Oberflächlichkeit und Verallgemeinerung angesehen werden. Es ist sogar teilweise von einer Stigmatisierung aufgrund von Äußerlichkeiten zu sprechen. Somit werden jedoch konkrete und eventuell für eine genaue Typisierung immanente Punkte unbewusst nicht mit betrachtet. Dies wiederum führt zu falschen Annahmen in Bezug auf das anzuwendende Wissen bzgl. der zur Verfügung stehenden Handlungsoptionen.

4.2 Prognosen über soziale und biographische Prozesse der Fallentfaltung auf schwankender empirischer Basis

Für die Professionellen bestehen aufgrund ihrer theoretischen Vorbildung Kenntnisse hinsichtlich dem Grunde nach möglicher Entwicklungs- und Reifeprozesse im Lebensverlauf bzw. der sozialen Welt ihrer Klienten (vgl. ebd., 1992, S. 149). Sie verfügen über das Wissen über Ursachen und Wirkung verschiedener Mechanismen in diesem Zusammenhang. Doch führen nach Schütze individuelle Randbedingungen geradezu unsystematisch zu anderen Ergebnissen im Einzelfall, da jedes persönliche Ereignis im Leben der Klienten zu anderen Dynamiken in Entwicklungs- oder Handlungsabläufen führen kann. Hier entsteht natürlich bereits aufgrund der aufgezeigten und sich stetig ändernden Bedarfslage ein erschwerendes Konstrukt. Nicht nur führen die einzelnen Ereignisse an sich zu unterschiedlichen Fallentwicklungen und gibt es nicht für alle als gesichert anzusehende Basisinformationen. Sondern bringen durch in Kapitel 3.3. exemplarisch beschriebene Entgrenzungs- und Digitalisierungstendenzen neue Ereignisse in der Fallentfaltung mit sich, auf die sich die Professionellen einstellen müssen. Insbesondere die Digitalisierung mit der einhergehenden Vernetzung sozialer Kontakte zu jeder Tageszeit auch der Klienten über die von ihnen genutzten Medien birgt ein hohes Potential an schwankenden Fallentwicklungen. So können beispielhaft ausgedrückt die Klienten einfacher noch als vor einigen Jahren die Medien auch zu Absprachen im sozialen Umfeld und sind daraus resultierend auch stärkeren Einflussnahmen ausgesetzt. Insofern wird dadurch die vorliegende Paradoxie im Auftreten der Professionen mächtiger und führt umso mehr zu Schwierigkeiten bei der Bearbeitung der Ungewissheit des Falles. Schütze beschreibt die Gefahr dieser ungewissen Fallentwicklung mit der Tendenz der Professionellen „...zu leerformelhaften Sprachgebilden,..." (ebd., 1991, S. 149). So versuchen sich diese selbst und ihr Handeln insoweit zu rechtfertigen, sofern sich andere als die vermuteten Handlungsoptionen im Nachhinein ergeben würden. Also wird eine unkonkrete Falleinschätzung eher in Kauf genommen, als mit einer konkreten Einschätzung einem Irrtum zu folgen und mit den daraus tragenden Folgen für die Klienten und auch sich selbst umgehen zu müssen. Insbesondere beim Wächterauftrag bzw. der sich daraus ableitenden Garantenstellung der Professionellen selbst, welcher bereits in Kapitel 3 umrissen worden ist, zeigt sich eine Gefahr auf, die die Wirksamkeit dieser Paradoxie innerhalb der Kinder- und Jugendhilfe begünstigt. Hier stehen auf der einen Seite der Schutzauftrag des Kindeswohls durch die Mitarbeiter des Jugendamtes. Dessen sind sie sich auch bewusst und versuchen Problemlagen dahingehend professionell zu beurteilen. Jedoch steht im Zentrum ihrer Betrachtung ein unbestimmter Rechtsbegriff, welcher sich für jeden Professionellen anders darstellen und definieren kann, wobei hier auch bereits der Rückbezug zur ersten Paradoxie von Typisierung und Situierung hergestellt wird. Bei einer Fehleinschätzung eines Falles drohen den Professionellen selbst strafrechtliche Konsequenzen, soweit die Fehleinschätzung auf unterlassenen Hilfeleistungen beruht. Dies ist eine im Gebilde der öffentlichen Verwaltung nahezu einmalige Rechtsstellung der Beschäftigen und fließt in das Bewusstsein bei der Auswahl von Handlungsoptionen mit ein. Es kann damit auch die Hinwendung zu phrasenartigen und verallgemeinernden Diagnosen derart bestärkt werden, so dass eben gerade eine Fehleinschätzung im benannten Sinne vermieden werden soll. Um professionell handeln zu können, muss dieser Widerspruch bei jedweder erneuten Situation einer vermeintlichen Kindeswohlgefährdungslage akzeptiert und bearbeitet werden.

4.3 Geduldiges Zuwarten vs. Sofortige Intervention

Die dritte von Schütze (ebd., 1992, S. 150ff.) skizzierte Paradoxie stellt eine sehr komplexe Gemengelage zwischen dem Abwarten auf möglicherweise eintretende eigene Problemlösungstendenzen der Klienten oder einem sofortigen Eingreifen in die Situation dar. Denn wenn sich an dieser Stelle vor Augen geführt wird, dass die Mitarbeiter der öffentlichen KJH sowohl einen Hilfe- als auch einen Kontrollauftrag haben, wird das Dilemma in seiner Gesamtheit ersichtlich. Denn eigentlich ist der Auftrag der Kinder- und Jugendhilfe sofern keine akute Gefährdungslage für die Kinder oder Jugendlichen besteht, in der Vordergrund zu rücken. Und dies sind die Befähigung zur Eigenverantwortung, siehe Kapitel 3.3, und damit auch die an vielen Stellen benannte Hilfe zur Selbsthilfe. So kann es sinnvoll sein in Veränderungsprozessen abzuwarten, während dennoch genauso sinnvoll eine schnelle Intervention angezeigt sein könnte. Am im vorigen Kapitel anknüpfend, könnte sich diese Paradoxie beim Sachverhalt der Betreuung einer Familie durch die Professionellen in Zusammenhang mit einer vermeintlichen Kindeswohlgefährdung als problematisch zu bearbeiten erweisen. So ist das Handeln der Professionellen"...hierbei in einem Kontext, der von ‚Unfreiwilligkeit' geprägt ist. (Gissel-Palkowich, 2011, S. 106) zu verstehen. So steht dem Druck einer sofortigen Intervention bzw. dem Zwangseingriff in die Familienverhältnisse der berufsspezifische Habitus von zu leistender Hilfestellung des Professionellen gegenüber. Dies auch unter dem als Herausforderung genannten Aspekt einer selbstverständlich wesentlich teureren Hilfeleistung bei Inobhutnahme des Kindes. Die KJH hat beide Aufgaben von

Hilfeleistung und auch zumindest Kontrollfunktion bei einer vermeintlichen Gefährdung zu erfüllen. Die Hilfe zur Selbsthilfe, jedoch verstanden als Partizipation der Klienten, steht dabei immer im Vordergrund und wird nur bei sofortiger und unmittelbarer Bedrohung des Kindes oder des Jugendlichen durch eine Intervention verdrängt. Ein zu langes Abwarten auf Änderung der Verhältnisse, zum Beispiel auch durch Vormachen angemessener Verhaltensmuster kann jedoch ebenso wie ein zu schnelles Eingreifen zu Verhaltensdilemmas führen. Problemfelder nach Schütze (vgl. ebd., 1992, S. 150) sind in diesem Zusammenhang ein mögliches unaufmerksames Verhalten des Professionellen und daraus resultierend das Verpassen des möglichen Interventionszeitpunktes sowie ein nur noch Reagieren-Können aufgrund einer gesteigerten Eigendynamik der Problemsituation.

4.4 Das Mehrwissen des Professionellen und seines Verschweigens möglicher Ergebnisse

Aufgrund seines Fachwissens und der Möglichkeit diesbezüglich seine Handlungsoptionen aus einem breit gefächerten Repertoire wählen zu können, wird der Professionelle stets in die Lage versetzt „…einen prinzipiell unaufhebbaren Wissensvorsprung gegenüber dem Laien." (ebd., 1992, S. 152) zu besitzen. Dies ist in dem Hilfekontext von KJH natürlich auch notwendig, da dies bereits das Rollenverständnis impliziert. So ist dies dem Laien durchaus bewusst und muss demzufolge ihm gegenüber nicht stets vergegenwärtigt werden. Im Gegenteil behauptet Schütze ist genau diese temporäre Nichtmiteinbeziehung in die Überlegungen bei Analyse und ersten Planungsschritten sogar effektiv für die Arbeit des Professionellen und auch weniger schmerzhaft für die Klienten. So wird bar von Emotionen und auf abstrakten Ebenen in Fallannäherung zwischen Professionellen diskutiert, um die Typisierung so konkret wie möglich vorzunehmen und Fehleinschätzungen aufgrund von Gefühlslagen zu vermeiden (ebd., 1992, S. 153). Soweit dies auch tatsächlich für die Lösungswege zunächst nicht notwendig erscheint, besteht genau am Punkt der Rückwendung von der Abstraktion des Falles hin zum tatsächlichen Fall die Gefahr dabei den Klienten mit Informationen zu unterversorgen und ihn damit partiell nicht zu beteiligen. Somit auch die Gefahr eines der obersten Ziele der KJH aus dem Blick zu verlieren. So werden insbesondere mögliche negative Ergebnisse, welche sich im Verlauf der Fallbearbeitung ergeben könnten oder sogar zwangsläufig müssen, an dieser Stelle ausgeklammert. Die Klienten müssen beispielsweise im Hilfeplanverfahren nach § 36 SGB VIII nicht nur über das am Ende des Planes stehende Ziel informiert und in die Gestaltung der Hilfe aktiv einbezogen werden. So ist zwar in diesem Sinne eine Vereinbarung zu schließen, jedoch sollten die Klienten an dieser Stelle auch auf eventuell im Hilfeverlauf schmerzhafte oder negative Ereignisse für sich vorbereitet werden. Die kooperative Kompetenz, welche sich im professionellen Handeln zeigen sollte, darf also an dieser Stelle nicht vernachlässigt werden. Ansonsten birgt dies ein großes Gefahrenpotential für die Beziehung zwischen Professionellen und Klienten. Vertrauensverlust ist eine ernstzunehmende Gefahr und könnte weitere Hilfen erschweren oder sogar unmöglich machen. Auch werden durch die fehlende Einbeziehung individuell hinzukommende Problemlagen verkannt und nicht mit einbezogen oder rückgekoppelt (vgl. ebd., 1992, S. 154). Wie auch Änderungen im Verhalten bis hin zu Beeinträchtigungen im Habitus des Professionellen bezüglich systematischen Nichtbemerkens oder des Wegarrangierens von Problemen. Dann liegt nicht nur fehlende Kooperation, sondern auch fehlende Reflexion des Falles vor. Die Folgen dessen sind nach Schütze (ebd., 1992, S. 155 ff.) die Ausprägung oder Verhärtung des Meinungsbilds einer Gegnerschaft zwischen den beiden Parteien. Die Unfreiwilligkeit im Kontext der Zusammenarbeit wird verdeutlicht.

4.5 Professionelle Ordnungs- und Sicherheitsgesichtspunkte und die Eingrenzung der Entscheidungsfreiheit des Klienten

Dieses Paradox beschreibt die doch sehr undurchsichtig vorgefundene Situation, wie sie sich oft zwischen Klienten und Professionellen darstellt. So können durch Überlagerungen und Überschneidungen von verschiedenen Situationen die Verlaufskurven teils schwer analysiert werden. Dies erschwert die Entscheidung „...wo die Selbsthilfe des Klienten und die professionelle Hilfe ansetzen könnten." (ebd., 1992, S. 156). Schütze führt dazu aus, dass viel Zeit für eine Analyse der Problemlagen aufgewendet werden müsste, um dem zu begegnen. Insofern ausreichend Zeiten für Gespräche und Abwarten auf die Reaktion der Klienten ermöglicht werden müsste. Insbesondere dem Druck nicht nachzugeben und sich von den durch die Klienten aufdrängenden Problemlagen nicht überwältigen zu lassen, stellt eine Herausforderung in diesem Rahmen dar. So müssen sich die Professionellen jedoch auf die methodischen Handlungskompetenzen besinnen und diese in ihre Entscheidungen einbeziehen. Weiterhin die Fallbetrachtung in ihrer Gesamtheit offen zu gestalten und die Perspektiven der Klienten nicht zu vernachlässigen. Somit nicht dem Zeitdruck, auch angesichts der finanziellen Drucksituation durch den Leistungsträger, zu folgen und die notwendige Zeit für den Fall aufzuwenden. Wie dies bei den Erwartungshaltungen der Gesellschaft jedoch für die KJH dargelegt worden ist, spielt die Budgetierung angesichts leerer kommunaler Kassen eine gewichtige Rolle. So gerät das eigentliche Ziel der Partizipation Auch wird deutlich, dass an dieser Stelle im Hilfeverfahren wenig bzw. kaum Transparenz über notwendige Aufgabenschritte und Gesprächsverläufe gegeben werden kann, da sich die Problemlage sehr komplex gestaltet. Jedoch genau deswegen und dem damit verbundenen geringen Arbeitszeitbudget für jeden Einzelfall wird durch die Professionellen die Situation vereinfacht angenommen, abgekürzt und somit insbesondere die Sichtweise der Klienten selbst auf den Fall nicht wahrgenommen. Dies ist aufgrund der Passivstellung der Klienten definitiv als risikoärmer anzusehen. Jedoch sind natürlich dann die angewandten Hilfsinstrumentarien nicht in jedem Fall die Instrumente, welche tatsächlich benötigt werden.

4.6 Die biographische Ganzheitlichkeit der Fallentfaltung und die Expertenspezialisierung

Auch diese Paradoxie ist wiederum sehr stark im zeitlichen Verfügungsrahmen der Professionellen eingeordnet, da eine biographische Zusammenhangsanalyse des Falles eine hohe Arbeitsintensität verheißt. Die Vorteile von somit erlangten gänzlich anderen Perspektiven auf die Problemlage hilft jedoch mitunter andere Bearbeitungsstrategien sichtbar zu machen. Dies birgt jedoch die Gefahr, dass die für eine professionelle Fallbetrachtung notwendige analytische Schärfe aufgrund des Distanzverlustes nicht mehr ohne weiteres möglich ist (vgl. ebd., 1992, S. 159). So führt Schütze aus, dass genau aus den beschriebenen Gefahren bei Anwendung dieser Ganzheitlichkeit eine derartige Betrachtung meist nicht vorgenommen wird. Für die KJH bedeutet dies, dass zum Beispiel bei zu gewährenden Familienhilfen aus Zeitnot und Überlastung heraus, tatsächlich nur eine akute Problematik zum Beispiel der Überforderung einer alleinerziehenden Mutter mit ihren Kindern in den Blick genommen wird. So dass mögliche und aus der Biographie erkennbare Wiederholungs- oder Schädigungsmuster (bewusst) ignoriert werden, da diese bei Erkennen auch teurere Hilfeleistungen nach sich ziehen könnten. Wenn an dieser Stelle zusätzlich der bestehende Fachkräftemangel in den Blick genommen wird, kann ebenfalls angenommen werden, dass von nicht professionellen Beschäftigten eine biographische Analyse in keinem Fall vorgenommen wird. So dass bei beiden Konstellationen eher die Fokussierung auf die vordergründigen Problemverläufe geschieht, wobei es zu Verdrängungstendenzen und Ignoranz gegenüber biographisch durchscheinender Problemkontexte durch die Professionellen kommt, solange ihnen dies noch möglich und vereinbar erscheint (ebd., 1992, S. 160).

4.7 Exemplarisches Vormachen und die Gefahr, den Klienten unselbstständig zu machen

Zu guter Letzt die Betrachtung dieses Grunddilemmas im pädagogischen Feld. Dieses Paradox entsteht stets bereits durch die besondere Stellung von Hilfesuchenden, oder Lernenden, gegenüber den die Hilfe Vermittelnden, oder auch Lehrenden. Seitens der Klienten ist entweder durch nie gelernte Ausübung gewisser notwendiger Verhaltensweisen oder auch durch, aufgrund von individuellen Ereignissen hervorgerufene Verunsicherung, darauf angewiesen diese durch die Professionellen vorgeführt bzw. gezeigt zu bekommen. Auch im Kontext der Sozialen Arbeit bzw. der KJH ist dies so zu verstehen, dass vom Klienten Verhaltensweisen oder Interaktionsmuster nicht beherrscht werden und diese aufgrund der ihnen innewohnenden Verunsicherungen auch nicht selbst gelernt werden (vgl. ebd., 1992, S. 160 ff.). Dieses Vorführen von angemessenen Verhaltensweisen initiiert jedoch nicht in jedem Fall ein Nachmachen der Klienten und an dieser Stelle besteht dann die Problematik achtzugeben, dass dies in keine dauerhafte Situation des Vormachens und Aufzeigens mündet. Einfach weil dies für die Klienten teils den einfachsten einzuschlagenden Weg in diesem Zusammenhang bedeutet. In der öffentlichen KJH kann dies bedeuten, dass seitens der Professionellen aufgezeigt werden muss, welche Maßnahmen von den Klienten unternommen werden müssen, um eine Intervention zu vermeiden. Dies kann sich von einfachen Tätigkeiten wie der Wohnung aufräumen, bis hin zum Stellen von Anträgen oder der Verpflichtung die Kinder regelmäßig in die Kindertageseinrichtung zu bringen, erstrecken. Ob dies, auch in erweiterten und eigenständigen Rahmen dann von den Klienten auch ohne ständiges Vormachen erbracht werden kann, hängt mitunter auch von der Art und Weise des Vormachens ab. So spricht Schütze (vgl. ebd., 2000, S. 71) in diesem Zusammenhang sogar von Erscheinungen bis hin zur Lähmung der Klienten durch die Detailfülle und Komplexität der vorgemachten Handlung. Ebenfalls darf aber auch genau diese Erscheinung nicht dazu führen, dass gleich auf das Vormachen von Handlungsabläufen verzichtet wird, um dieses Verhalten eben nicht zu fördern.

5 Fazit

Zu Beginn dieser Arbeit stand die Professionalisierung innerhalb der Kinder- und Jugendhilfe als Themenkomplex fest und so sollte sich die Beantwortung der Forschungsfrage im Rahmen dessen bewegen. Es wurde versucht über die Annäherung an die zentralen Begriffe darzulegen, dass grundsätzlich von einem professionellen Handeln innerhalb der öffentlichen Kinder- und Jugendhilfe auszugehen ist. Jedenfalls dann, sofern es den Professionellen gelingt, sich einen berufsspezifischen Habitus anzueignen und die dabei auftretenden Paradoxien professionell zu bearbeiten. Des Weiteren wurden Rahmenbedingungen sowie gesellschaftliche Erwartungshaltungen beschrieben, welche zur Beantwortung der Frage wie diese Bedingungen auf das professionelle Handeln einwirken, dienen sollten. Schlussendlich war es notwendig, über eine Kompetenzformulierung des professionellen Handelns die Paradoxien nach Friedrich Schütze detaillierter zu betrachten und sie in den Zusammenhang zur KJH und ihren Bedingungen zu überführen. Dies ist vorliegend nicht wie ursprünglich gewünscht gelungen. Dass die Rahmenbedingungen und Erwartungshaltungen auf das professionelle Handeln der Beschäftigten einwirken ist erkennbar. Es wäre jedoch eine stärkere Akzentuierung auf den spezielleren Bedingungen und Erwartungen aus dem 15. Kinder- und Jugendbericht hierbei hilfreicher gewesen und könnte daher im Rahmen weiterer Untersuchungen betrachtet werden. Dennoch ist anhand der Paradoxien in Bezug auf professionelles Handeln gleichermaßen zu erkennen, dass der Zeitfaktor eine sehr große Rolle spielt. Eben dies führt naturgemäß bei leeren Kassen der Kommunen wie dies beschrieben worden ist, zu Problematiken hinsichtlich weniger Fachkräfte bei gleichzeitigem Anstieg von Fällen für diese. Auch wird sichtbar gemacht, dass viele der Prozesse im nicht wenig sichtbaren und nachvollziehbaren Raum zwischen Klienten und Professionellen stattfinden. Insofern können die Forderungen nach mehr Transparenz kaum oder nur mühsam befriedigt werden. Während eben die knappe Zeitbudgetierung dazu führen kann, dass Arbeitsschritte unsauber ausgeführt und somit den Paradoxien Vorschub geleistet wird. Dies wiederum zu schwerwiegenden Fehlern für die Klienten selbst führt, dann insbesondere die Partizipation der Jugendlichen selbst nicht erfüllt wird und auch ein professionelles Handeln erschwert.

Festgestellt und theoretisch dargelegt wurde jedoch mit der vorliegenden Arbeit, dass insbesondere die akademische Ausbildung und ein während ihr zu vermittelnder Habitus mit den für ihn notwendigen Kompetenzen unabdingbar für die Bearbeitung der Paradoxien ist. So weisen all diese Dilemmas, welche Schütze benennt und die das professionelle Handeln prägen, bei ihrem Vorkommen innerhalb der KJH das gemeinsame Merkmal des Widerspruchs zwischen emotionaler bzw. diffuser Fallnäherung in Abgrenzung zu sich aufgrund seiner Fachlichkeit angeeigneten Kompetenzen auf. Erst wenn nunmehr die bei der Definition der Sozialen Arbeit bereits benannten Grundsätze berücksichtigt werden können, welche durch Ausbildung und Studium in den Habitus einmünden, ist von den Professionellen eine ihrer Verantwortung gerecht werdende Ausprägung desselben zu erwarten. Das Anforderungsprofil, welches sich für die Professionellen ergibt, wird also von einer stärker werdenden Profilierung hin zu einer Verquickung von Fachlichkeit und personaler Kompetenzen führen müssen. Nur die Beherrschung notwendiger Techniken und Methoden reicht an dieser Stelle nicht mehr aus und kann auch nicht durch Beschäftigte ohne den sozialpädagogischen Hintergrund adäquat ausgeübt werden. So ist zum einen hier bereits der Bezug wiederum zu personellen Eignungen notwendig. Für die Beherrschung ihres Alltags in professioneller Manier könnte es also an dieser Stelle wichtig sein, auch Eignungsverfahren oder adäquate Testate zu Beginn und während der Studienrichtung der Sozialen Arbeit einzubauen. Denn zu einem späteren Anstellungszeitpunkt wird stets nur die fachliche Eignung geprüft und eine personelle „Zulässigkeit" aufgrund eines reinen Führungszeugnisses abverlangt. So könnten mögliche weitere Fragen in diesem Zusammenhang lauten: „Wie könnten sich Zulassungsbeschränkungen hinsichtlich personeller Geeignetheit für die Studieneinschreibung auf die Professionalisierung der Beschäftigten auswirken? Wie könnten diese Beschränkungen wirksam formuliert werden?". Da jedoch derzeit ein Fachkräftemangel innerhalb der KJH besteht, sind derartige Überlegungen für eine Begrenzung der Zulassung auf Studenten mit geeigneter persönlicher Kompetenz eher nicht umsetzbar oder auch nur angedacht. Insofern müsste dann jedoch während der Studienphase selbst ein größeres Augenmerk neben der Vermittlung der Fachlichkeit auf die Ausprägung personaler Kompetenzen gelegt werden. So könnten weitere praxisnahe Erfahrungen dabei helfen diese zu prägen, denkbar wären an dieser Stelle spezielle Lernszenarien.

Anschließend an die Verknüpfung von Paradoxien des professionellen Handelns mit den Tätigkeiten der öffentlichen Kinder- und Jugendhilfe könnten weitere Arbeiten sich eher auf den empirischen Bereich zur Untersuchung von Häufigkeiten des Auftretens dieser und natürlich daraus resultierend auch den Umgang mit diesen konzentrieren. So könnten Rahmenbedingungen wie auch die Paradoxien selbst operationalisiert werden und daraus weitere Bedarfe für die Verbesserung der Handlungen selbst erkannt werden. Die Güte der Handlungen aus Sicht der

Professionellen und der Klienten ebenso zu beurteilen, könnte in diesem Zusammenhang auch eine weitere zu untersuchende Komponente darstellen.

Literaturverzeichnis

Amthor, Ralph-Christian (2012). *Einführung in die Berufsgeschichte der Sozialen Arbeit*. Weinheim und Basel: Beltz Juventa.

Becker-Lenz, Roland; Müller-Herrmann, Silke: „ Die Notwendigkeit von wissenschaftlichem Wissen und die Bedeutung eines professionellen Habitus für die Berufspraxis der Sozialen Arbeit", In: Becker-Lenz, R., Busse, S., Ehlert, G., & Müller-Hermann, S. (2013). *Professionalität in der Sozialen Arbeit: Standpunkte, Kontroversen, Perspektiven*(3. Auflage). Wiesbaden: VS Verlag für Sozialwissenschaften, S. 203 – 229 .

Böhnisch, Lothar; Funk, Heide (2013). *Soziologie - eine Einführung für die Soziale Arbeit*. Weinheim ; Basel: Beltz Juventa.

Borrmann, Stefan; Engelke, Ernst; Spatscheck, Christian (2009). *Die Wissenschaft Soziale Arbeit: Werdegang und Grundlagen* (3. Auflage). Freiburg im Breisgau: Lambertus.

Bourdieu, P. (2012). *Die feinen Unterschiede: Kritik der gesellschaftlichen Urteilskraft* (22. Aufl.). Frankfurt am Main: Suhrkamp.

Bundesministerium für Familie, Senioren, Frauen und Jugend (BFSFJ) (2017): 15. *Kinder- und Jugendbericht. Bericht über die Lebenssituation junger Menschen und die Leistungen der Kinder- und Jugendhilfe in Deutschland.* Herausgegeben vom Bundesministerium für Familie, Senioren, Frauen und Jugend, Referat Öffentlichkeitsarbeit. Berlin.

Bundesministerium für Familie, Senioren, Frauen und Jugend (BFSFJ) (2014): *Kinder-und Jugendhilfe. Achtes Buch Sozialgesetzbuch.* Herausgegeben vom Bundesministerium für Familie, Senioren, Frauen und Jugend, Referat Öffentlichkeitsarbeit. Berlin.

Burhhard, Oliver (2016) „Sozialarbeiter überholen Ingenieure" In: Die Zeit 07/2016, verfügbar unter https://www.zeit.de/2016/07/arbeitsmarkt-studie-soziale-berufe-fluechtlinge, zuletzt abgerufen am 20.06.2018

Deutscher Berufsverband für Soziale Arbeit e.V. (DBSH) (2016). *Deutschsprachige Definition Sozialer Arbeit des Fachbereichstags Soziale Arbeit und DBSH.* verfügbar unter: https://www.dbsh.de/fileadmin/downloads/20161114_Dt_Def_Sozialer_Arbeit_FBTS_DBSH_02.pdf, zuletzt abgerufen am 09.12.2017

Dewe, Bernd und Otto, Hans-Uwe (2001): „Profession" In: Otto, Hans-Uwe & Thiersch, Hans (Hrsg.) (2001). *Handbuch Sozialarbeit Sozialpädagogik* (2. Auflage). Neuwied [u.a.]: Luchterhand. S. 1399-1423

Dewe, Bernd und Otto, Hans-Uwe (2011): „Profession" In: Otto, Hans-Uwe & Thiersch, Hans (2011). *Handbuch Soziale Arbeit* (4. Auflage). München ; Basel: Reinhardt. S. 1131-1142

Duden (2017*): Die deutsche Rechtschreibung. Bd. 1.* (27. Auflage). Mannheim: Dudenverlag, Bibliographisches Institut & F.A. Brockhaus.

Esser, Klaus (2007): „Mit dem Siegel der Güte" In: Knab, E. (Hrsg.) (2007). *Perspektiven für die Kinder- und Jugendhilfe: Von der Heimerziehung zur Vielfalt der erzieherischen Hilfen; [Heribert Mörsberger gewidmet aus Anlass seines 70. Geburtstages - 3. Januar 2007].* Freiburg im Breisgau: Lambertus. S. 104-123

Gadow, T., Peucker, C., Pluto, L., van Santen, E. & Seckinger, M. (2013). *Wie geht's der Kinder- und Jugendhilfe?: Empirische Befunde und Analysen.* Weinheim und Basel: Beltz Juventa.

Geissler, Birgit (2013) *„Professionalisierung und Profession. Zum Wandel klientenbezogener Berufe im Übergang zur post-industriellen Gesellschaft"* In: die Hochschule. Journal für Wissenschaft und Bildung (01/2013). Berufsfelder im Professionalisierungsprozess. Geschlechtsspezifische Chancen und Risiken

verfügbar unter http://www.hof.uni-halle.de/journal/texte/13_1/2013_1.pdf, zuletzt abgerufen am 31.05.2018

Gissel-Palkowich, Ingrid (2011) *„Die Sicherung des Kindeswohls"* In: Goldberg, Brigitta & Schorn, Ariane (Hrsg.) (2011). Kindeswohlgefährdung: Wahrnehmen – Bewerten – Intervenieren: Beiträge aus Recht, Medizin, Sozialer Arbeit, Pädagogik und Psychologie. Opladen [u.a.]: Budrich.

Hurrelmann, Klaus / Albert, Matthias / Quenzel, Gudrun / Langness, Anja (2006): *Eine pragmatische Generation unter Druck – Einführung in die Shell Jugendstudie 2006.* In: Shell Deutschland Holding (Hrsg.). S. 31- 48.

Jordan, Erwin; Maykus, Stephan; Stuckstätte, Eva Christina (2012). *Kinder- und Jugendhilfe: Einführung in Geschichte und Handlungsfelder, Organisationsformen und gesellschaftliche Problemlagen* (3. Auflage). Weinheim und Basel: Beltz Juventa.

Jordan, Erwin; Maykus, Stephan; Stuckstätte, Eva Christina (2015). *Kinder- und Jugendhilfe: Einführung in Geschichte und Handlungsfelder, Organisationsformen und gesellschaftliche Problemlagen* (4. Auflage). Weinheim und Basel: Beltz Juventa.

Kerncurriculum Soziale Arbeit (2016). Deutsche Gesellschaft für Soziale Arbeit. verfügbar unter https://www.dgsa.de/fileadmin/Dokumente/Aktuelles/DGSA_Kerncurriculum_final.pdf, zuletzt abgerufen am 10.05.2018

Klus, Sebastian; Schilling, Johannes (2015). *Soziale Arbeit: Geschichte, Theorie, Profession* (6. Auflage). Stuttgart: UTB.

KMK [Sekretariat der Ständigen Konferenz der Kultusminister der Länder in der Bundesrepublik Deutschland] (2001): Rahmenordnung für die Diplomprüfung im Studiengang Soziale Arbeit – Fachhochschulen –. Beschluss der Kultusministerkonferenz vom 11.10.2001. verfügbar unter: (https://www.kmk.org/fileadmin/Dateien/veroeffentlichungen_beschluesse/2001/2001_10_11-RO-Soziale-Arbeit-FH.pdf), zuletzt abgerufen am 12.05.2018.

Lamnek, Siegfried; Recker, Helga; Reinhold, Gerd (2017). *Soziologie-Lexikon*. Berlin ; Boston: Oldenbourg Wissenschaftsverlag.

Müller, Carl Wolfgang: „Entwicklung und Perspektiven der Sozialen Arbeit als Profession" In Gahleitner, Silke Birgitta (Hrsg.) (2010). *Disziplin und Profession Sozialer Arbeit: Entwicklungen und Perspektiven*. Leverkusen: Budrich, S. 21-28.

Münchmeier, Richard: „Geschichte der Sozialen Arbeit" In Otto, Hans-Uwe & Thiersch, Hans (2011). *Handbuch Soziale Arbeit* (4. Auflage). München ; Basel: Reinhardt. S. 528-540

Münder, Johannes: „SGB VIII – Kinder- und Jugendhilfe" In Otto, Hans-Uwe & Thiersch, Hans (2011). *Handbuch Soziale Arbeit* (4. Auflage). München ; Basel: Reinhardt. S. 1272-1284

Mulot, R. (2017). *Fachlexikon der Sozialen Arbeit* (8. Auflage.). Baden-Baden: Nomos.

Oevermann, Ulrich: „Theoretische Skizze einer revidierten Theorie professionalisierten Handelns" In: Combe, A./Helsper, W. (1996). *Pädagogische Professionalität – Untersuchungen zum Typus pädagogischen Handelns*. Frankfurt/Main. S. 70-182

Otto, Hans-Uwe & Thiersch, Hans (2011). *Handbuch Soziale Arbeit* (4. Auflage). München ; Basel: Reinhardt.

Sächsische Qualifikations- und Fortbildungsverordnung (SächsQualiVO), verfügbar unter https://www.revosax.sachsen.de/vorschrift/11517-Saechsische-Qualifikations-und-Fortbildungsverordnung-paedagogischer-Fachkraefte, zuletzt abgerufen am 27.06.2018

Schilling, Johannes (2015). *Soziale Arbeit: Geschichte, Theorie, Profession* (6., vollständig überarbeitete Auflage.). Stuttgart: UTB.

Schütze, Fritz (1992): *Sozialarbeit als "bescheidene" Profession*. In: Dewe, Bernd (Ed.) ; Ferchhoff, Wilfried (Ed.) ; Radtke, Frank-Olaf(Ed.): Erziehen als Profession: zur Logik professionellen Handelns in pädagogischen Feldern. Opladen : Leske u. Budrich, 1992. S.132-170. verfügbar unter: https://www.ssoar.info/ssoar/bitstream/handle/document/4936/ssoar-1992-schutze-sozialarbeit_als_bescheidene_profession.pdf?sequence=1, zuletzt abgerufen am 02.05.2018

Schütze, Fritz (2000). Schwierigkeiten bei der Arbeit und Paradoxien des professionellen Handelns : ein grundlagentheoretischer Aufriß. In: Zeitschrift für qualitative Bildungs-, Beratungs- und Sozialforschung 1 (2000), 1, S. 49-96. verfügbar unter: https://www.ssoar.info/ssoar/bitstream/handle/document/28074/ssoar-zbbs-2000-1-schutze-schwierigkeiten_bei_der_arbeit_und.pdf?sequence=1, zuletzt abgerufen am 04.11.2017

Socialnet GmbH (2017). *SGB – Sozialgesetzbuch.* Bonn. verfügbar unter http://www.sgb.info, zuletzt abgerufen am 03.04.2017

Steiner, Oliver & Goldoni, Marc (Hrsg.) (2013). *Kinder- und Jugendarbeit 2.0: Grundlagen, Konzepte und Praxis einer medienbezogenen sozialen Arbeit mit Heranwachsenden.* Weinheim ; Basel: Beltz Juventa.

Wiesner, Reinhard (2007): „Der Schutzauftrag des Jugendamtes bei Kindeswohlgefährdung" In: Knab, E. (Hrsg.) (2007). *Perspektiven für die Kinder- und Jugendhilfe: Von der Heimerziehung zur Vielfalt der erzieherischen Hilfen; [Heribert Mörsberger gewidmet aus Anlass seines 70. Geburtstages - 3. Januar 2007].* Freiburg im Breisgau: Lambertus. S. 142-161

Folienpräsentation

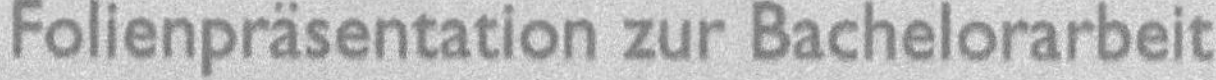

Fachkräftemangel
Transparenz
Kinder-
und
Soziale
Arbeit
Jugendhilfe
Profession
Paradoxien
Erwartungsdruck
professionelles
Professionalität
Professionalisierung
Handeln
Habitus
Kostenexplosion

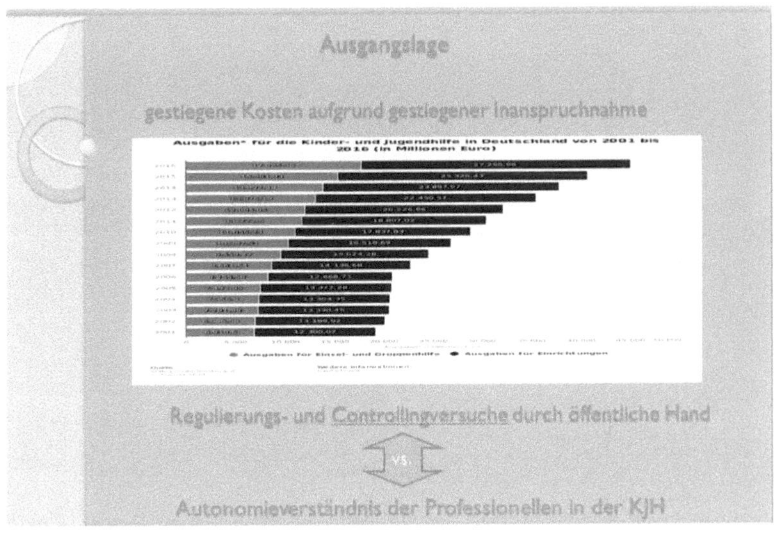

Ausgangslage
gestiegene Kosten aufgrund gestiegener Inanspruchnahme
Ausgaben* für die Kinder- und Jugendhilfe in Deutschland von 2001 bis 2016 (in Millionen Euro)
Ausgaben für Einzel- und Gruppenhilfe
Ausgaben für Einrichtungen
Regulierungs- und Controllingversuche durch öffentliche Hand
vs.
Autonomieverständnis der Professionellen in der KJH

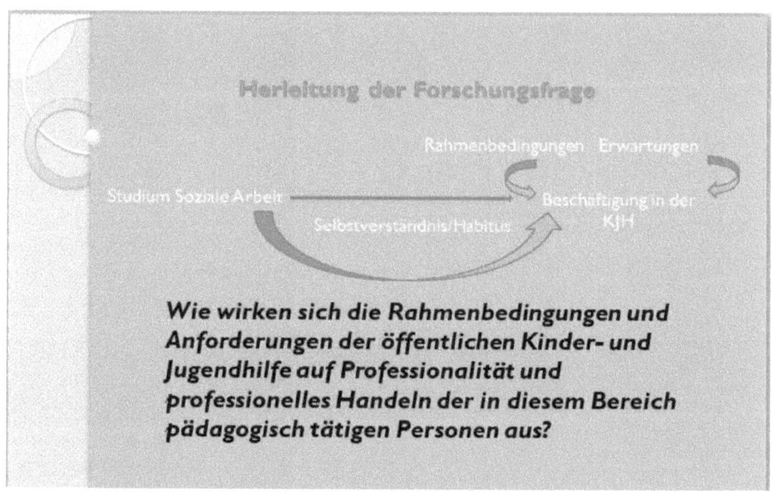

Herleitung der Forschungsfrage
Rahmenbedingungen Erwartungen
Studium Soziale Arbeit
Beschäftigung in der KJH
Selbstverständnis/Habitus
Wie wirken sich die Rahmenbedingungen und Anforderungen der öffentlichen Kinder- und Jugendhilfe auf Professionalität und professionelles Handeln der in diesem Bereich pädagogisch tätigen Personen aus?

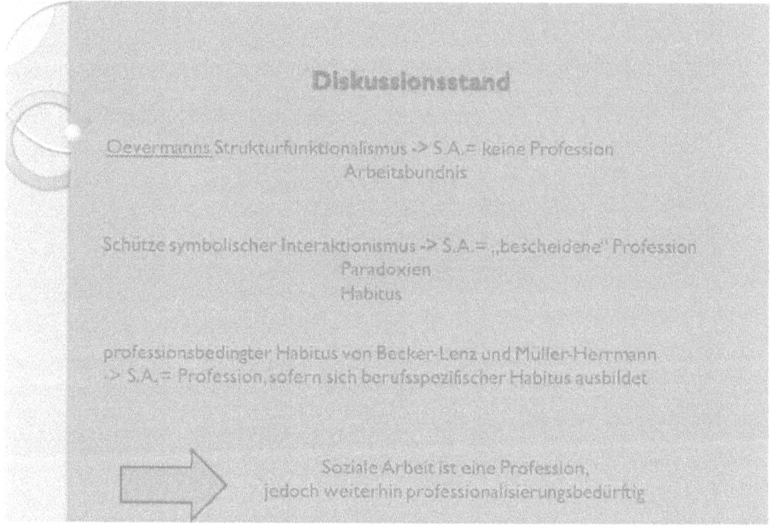

Diskussionsstand
Oevermanns Strukturfunktionalismus -> S.A. = keine Profession
Arbeitsbundnis
Schütze symbolischer Interaktionismus -> S.A. = „bescheidene" Profession
Paradoxien
Habitus
professionsbedingter Habitus von Becker-Lenz und Müller-Herrmann -> S.A. = Profession, sofern sich berufsspezifischer Habitus ausbildet
Soziale Arbeit ist eine Profession, jedoch weiterhin professionalisierungsbedürftig

historische Entwicklung von Kinderfürsorge im
Mittelalter bis hin zum SGB VIII als Teil der
Sozialgesetzbücher

vielfältige und komplexe Betätigung im Berufsfeld
über Kindertagesbetreuung, über Kinder- und
Jugendarbeit hin zu Erziehungsberatung, dem
Kinderschutz an sich, der Mitwirkung in
familiengerichtlichen Verfahren aber auch von
Inobhutnahmen in Krisensituationen

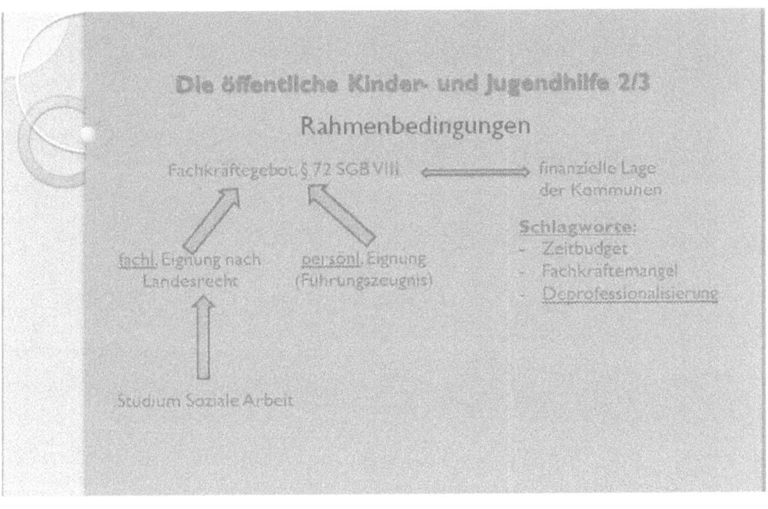

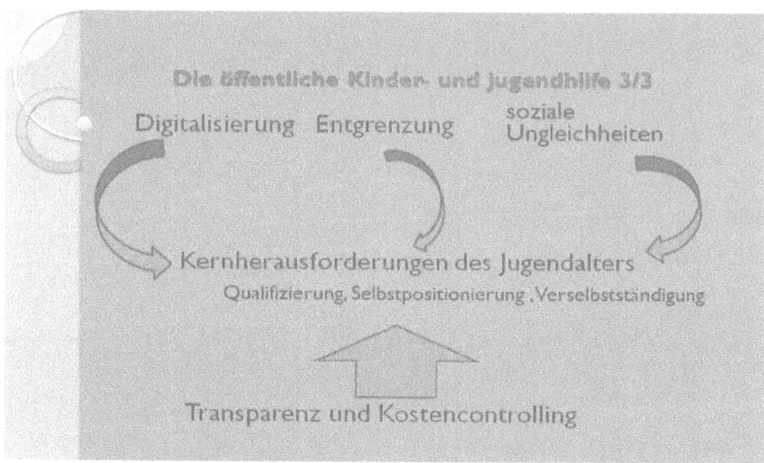
Die öffentliche Kinder- und Jugendhilfe 3/3
Digitalisierung   Entgrenzung   soziale Ungleichheiten
Kernherausforderungen des Jugendalters
Qualifizierung, Selbstpositionierung , Verselbstständigung
Transparenz und Kostencontrolling

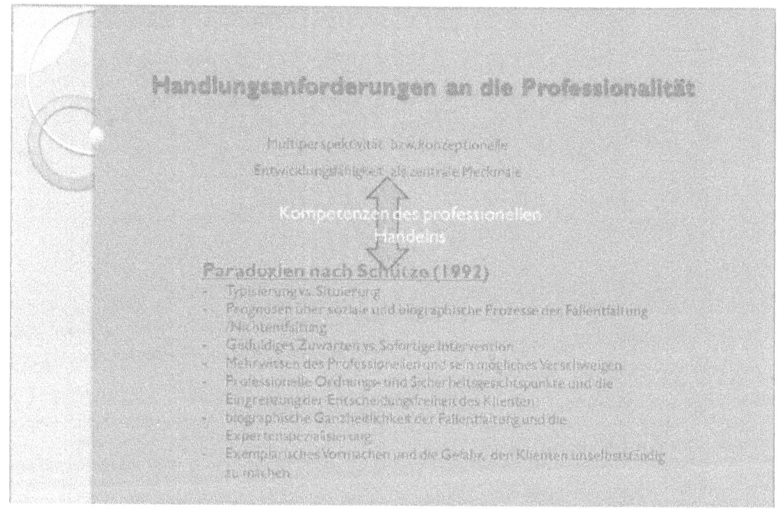
Handlungsanforderungen an die Professionalität
Multiperspektivität bzw. konzeptionelle
Entwicklungsfähigkeit als zentrale Merkmale
Kompetenzen des professionellen
Handelns
Paradoxien nach Schütze (1992)
- Typisierung vs. Situierung
- Prognosen über soziale und biographische Prozesse der Fallentfaltung /Nichtentfaltung
- Geduldiges Zuwarten vs. Sofortige Intervention
- Mehrwissen des Professionellen und sein mögliches Verschweigen
- Professionelle Ordnungs- und Sicherheitsgesichtspunkte und die Eingrenzung der Entscheidungsfreiheit des Klienten
- biographische Ganzheitlichkeit der Fallentfaltung und die Expertenspezialisierung
- Exemplarisches Vormachen und die Gefahr, den Klienten unselbstständig zu machen

Ergebnisse

Professionelles Handeln findet in der öffentlichen Kinder- und Jugendhilfe statt. Jedoch wirken insbesondere die ressourcenbedingten Einflüsse wie finanzielle Ausstattung und daraus resultierend die zur Verfügung stehende Zeit stark auf die Qualität des professionellen Handelns ein. Paradoxien werden ggf. nicht professionell gelöst, damit werden Fehler bei der Fallbearbeitung wahrscheinlicher und auch kann sich daraus möglicher Schaden für die Klienten ableiten.

Die Verknüpfung konkreter und aktueller (15. Kinder- und Jugendbericht) Bedingungen und Erwartungen ist jedoch vorliegend nicht gelungen. Dazu sind andere Zugänge zur Thematik bzw. vertiefende Untersuchungen notwendig.

Ausblick weitere Forschungen

Wie könnten sich Zulassungsbeschränkungen hinsichtlich personeller Geeignetheit für die Studieneinschreibung auf die Professionalisierung der Beschäftigten auswirken? Wie könnten diese Beschränkungen wirksam formuliert werden?

Empirische Untersuchung zur Häufigkeit und der Entscheidungen bei der Bearbeitung von Paradoxien anhand operationalisierter Merkmale in Verbindung mit der Güte möglicher Bearbeitungsergebnisse (diese getrennt aus Sicht des Professionellen und der Klienten)

Vielen Dank für Ihre Aufmerksamkeit

Diese Präsentation beruht ebenfalls auf den bereits in der Bachelorarbeit getätigten Angaben im Literaturverzeichnis, es wurden hierfür keine weiteren Quellen verwendet.